KB261184

손석춘의 미디어혁명

우리 언론, 무엇으로 다시 살 것인가

새로운 사회를 여는 지식 캠프 001

손석춘의 미디어혁명
우리 언론, 무엇으로 다시 살 것인가

지은이 | 손석춘
펴낸이 | 김성실
편집주간 | 김이수
편집기획 | 조성우 · 박선화 · 박남주
마케팅 | 이동준 · 김창규 · 강지연 · 이유진
편집디자인 | 하람 커뮤니케이션(02-322-5405)
표지인쇄 | 중앙 P&L(주)
본문인쇄 · 제본 | 한영문화사
펴낸곳 | 시대의창
출판등록 | 제10-1756호(1999. 5. 11)

초판 1쇄 인쇄 | 2007년 6월   7일
초판 1쇄 발행 | 2007년 6월 14일

주소 | 121-816 서울시 마포구 동교동 113-81 (4층)
전화 | 편집부 (02) 335-6125, 영업부 (02) 335-6121
팩스 | (02) 325-5607
홈페이지 | www.sidaew.co.kr

ISBN 978-89-5940-069-0 (03320)
값 8,900 원

韓國新聞

우리 언론, 무엇으로 다시 살 것인가

손석춘의 미디어 혁명

시대의창

언론,
공공의 적과 공론의 장

MEDIA

누구나 인터넷 공간에 자신의 뜻을 직접 드러낼 수 있는 시대가 도래해서일까. '언론개혁'은 한물갔거나 고리타분한 담론으로 여기기 십상이다. 더구나 김대중-노무현 정권 10년 동안 언론개혁이라는 말이 참신성을 잃은 게 사실이다. 언론개혁을 특정 정치세력의 입지와 연결하는 신중하지 못한 언행들이 잦았던 까닭이다.

그 결과다. 미디어 개혁을 둘러싼 지형과 논의가 뒤죽박죽이다. 언론개혁의 전선마저 흐트러졌다. 누가 언론개혁의 주체이고, 누가 개혁 대상인지 구분조차 시나브로 어려워졌다. 언론개혁을 둘러싼 담론의 지형이 한낱 정쟁의 차원으로 추락했기 때문이다.

심지어 미디어 정책을 둘러싼 논의조차 말 그대로 정략적 수준을 벗어나지 못하고 있다. 미디어 선진화를 주장하는 담론이 뜬금없이 '신문법 폐지' 구호처럼 나타나는 현실이 대표적이다. 이 책은 미디어 개혁이 결코 정쟁의 대상일 수 없다는 진지한 문제의식에서 출발했다. 정보과학기술의 발달로 '사용자 제작 콘텐츠UCC'가 활성화하고 있지만, 인터넷이 사회 구성원들의 의식을 오히려 단편화하거나 파편화할 수 있다는 우려도 나오고 있기에 미디어 정책의 중요성은 더 커진다.

무릇 모든 정책은 문제가 있는 현실을 포착해 그 문제점을 해결하는 데 존재 이유가 있다. 정확한 현실 인식이 무엇보다 중요한 까닭이다. 그래서다. 단적으로 물어볼 일이다.

"우리 사회의 '주류 미디어'는 지금 무엇을 하고 있는가?"

냉철히 톺아보자. 신자유주의의 미친바람으로 중산층마저 붕괴되고 자살률이 치솟는데도 "더 많은 신자유주의"만이 살길이라고 부르대는 게 우리의 주류 미디어다. 대학을 졸업한 실업자와 대입을 앞둔 청소년들이 절망에 잠겨 스스로 자신의 생명을 죽이는데도 "더 많은 교육 경쟁"을 주문하는 게 우리 미디어다. 평생을 소작농으로 살아온 예순여덟 살의 농민이 국회 앞에서 생존권을 요구하다가 맞아 죽어도 '불법 시위'만 부각하며 "더 많은 엄정 대처"를 외치는 게 우리 미디어다. 마흔다섯 살의 건설일용직 노동자가 인간다운 삶을 살고 싶다며 시위를 벌이다가 맞아 죽어도 "더 많은 노동자 이기주의"만 질러대는 게 우리 미디어다. 객관적 사실이다.

그 뿌리는 깊다. 어제 오늘의 일이 아니란 뜻이다. 조금만 거슬러 올라가도 확인할 수 있다. 길을 가다가 미군 장갑차 소리에 길섶으로 피한 두 여중생이 깔려죽은 참사가 일어났는데도 일주일 남짓 전혀 보도하지 않는 신문이 가장 발행부수가 많은 게 우리 미디어다. 군부독재와 싸워온 노동자와 학생들에게 집요하게 '빨갱이 사냥'을 해왔던 게 우리 미디어다. 그 뿌리는 남북 분단의 '주역'에 더해 일본 제국주의 침략의 앞잡이로 이어진다. 객관적 사실이다.

그래서다. 이 책의 문제의식은 곧바로 그 주류 미디어들을 과연 '우리 미디어'라 불러도 좋은가로 이어진다. 화려한 포장으로 감춰져 있지만, 객관적 사실에 비추어 명백한 '공공의 적' 아닌가.

더 심각한 문제는 그것이 비단 과거나 현재의 행태가 아니라는 데 있다. 아직 오지 않은 미래마저 제약하고 있다. 미디어 개혁의 당위성과 절박성이 바로 여기에 있다. 민주주의의 밑절미인 공론장이 뒤틀린 상황에서 사회 발전은 불가능하다.

신자유주의의 살벌하고 천박한 경쟁문화가 지배하고 있는 사회, 여전히 분단되어 외세에 휘둘리는 사회를 벗어나 새로운 사회가 얼마든지 가능하다는 진실을 가리틀고 있는 장벽이 다름 아닌 주류 미디어다. 저들은 새로운 사회의 상상력마

저 원천적으로 제한하고 있다. 저들이 UCC에 대해 부정적 기
능만 집중 부각해나가는 것이 좋은 보기다. 한국 미디어에는,
미디어 공론장에는, 더 나은 사회가 숨 쉴 공간이 없다.

그래서다. 이 책《우리 언론, 무엇으로 다시 살 것인가》는
미디어 공론장의 뿌리를 파헤치고 그 대안으로 '해방공론장'
이라는 새로운 틀frame과 그것을 일궈낼 정책을 제안하는 데
목적이 있다. 그것은 미디어가 공공의 적에서 공론의 장으로
거듭나는 길이다.

이 책이 '새로운 사회를 여는 연구원(새사연)'의 첫 연구총
서로 발간되어 한층 감회가 새롭다. 한국 공론장의 대안이자
미디어 정책의 목표인 '분단공론장'의 해방 곧 '해방공론장',
은 새로운 사회의 조건이고 새로운 사회는 해방공론장의 조
건이기 때문이다.

앞으로도 새사연은 연구물을 연구총서로 낼 때 전문 독자
층뿐 아니라 '생활세계'에서 묵묵히 살아가는 모든 생활인들
이 쉽게 읽을 수 있도록 기왕의 연구서 틀을 벗어나려고 한다.

새로운 사회를 더불어 꿈꿀 모든 '생활인'들께 삼가 이 책
을 바친다.

손 석 춘

C O N T E N T S

PART 02
미디어 공공성 살리기

PART 01

공공의 적, 한국 미디어

김대중 그리고 노무현 정부,

언론개혁에 정말 '실패한' 것일까.

짐짓 개혁 흉내만 내려고 했을 뿐,

아예 개혁 의지가 '없었던' 것일까.

언론이 위기라는데, 과연 그 위기의 실체는 뭘까.

우리 언론, 자기기만으로 찌든 행적을

읍참마속의 심정으로 여기 들추어

'공론'의 실마리로 삼고자 한다.

언론개혁,
김대중-노무현 정권의 실패

김대중-노무현 정권.[1] 1998년 2월부터 10년 동안 집권했다. 대한민국에서 처음으로 평화적 정권교체를 이룬 김대중 정권과 그 뒤를 이은 노무현 정권은 군부쿠데타 뒤 권위주의적 정치체제에 억압되어 왔던 민중에게 적지 않은 기대를 모았다. 하지만 그 기대는 덧없는 실망으로 끝났다.

물론 두 정권에 전혀 '업적'이 없었던 것은 아니다. 특히 김대중 정권은 2000년 6.15 남북공동선언이라는 치적을 세웠다. 하지만 김 정권은 물론이고, 노 정권도 무분별하게 신자유주의 정책을 추진하면서 비정규직 노동자의 자살이 상징하듯이 민중의 고통은 더해갔다. 더구나 2006년 1월 노 정권은 주한미군의 '전략적 유연성'에 합의함으로써 평화위기를 불러오기도 했다.

두 정권은 언론개혁과 관련해서도 특별한 기대를 모았다. 언론계 안팎에서 광범위하게 사용되었던 '김대중 죽이기'라는 말이 상징하듯이 김대중은 언론으로부터 언제나 차별대우를 받아온 정치인이었다. 김대중 못지않게 노무현도 대통령에 당선되는 과정 자체가 언론과의 갈등 속에서 이뤄졌다. 노무현은 대통령 후보가 되는 과정이나 선거 과정에서 언론개혁을 적극 제기함으로써 적지 않은 기대를 모았다.

대통령이 되기 전에 노무현은 조선일보와 인터뷰를 거부한 데 이어 선거 기간 내내 정치개혁이나 경제개혁 못지않게 언론개혁을 거론해왔다. 실제로 어느 정도 시민사회의 언론개혁 요구를 수용하기도 했다.

두 정권은 각각 언론사 세무조사와 신문법으로 언론개혁의 실천에 나섰다. 그 점에서 분명 진전은 있었고 평가해야 마땅하다. 하지만 그것이 미디어 공론장의 올바른 형성이라는 기준에서 볼 때 별다른 의미가 없다는 점에서 두 정권의 언론개혁 정책은 실패했다고 평가해야 할 만큼 한계가 또렷했다.

일과성으로 끝난 언론사 세무조사

2001년 1월 11일, 대통령 김대중은 새해 연두 기자회견에서 '투명하고 공정한 언론개혁의 필요성'을 거론했다. 이어 국세청은 1월 31일 언론사 세무조사 실시를 발표했고, 2월 8일 조사에 착수했다.

공정거래위원회도 '불공정거래행위와 부당 내부거래 실태 등에 대한 조사' 실시를 공표하고 2월 12일부터 조사에 나섰다. 4월 20일까지 68일에 걸쳐 조사한 공정위는 13개 언론사에 시정명령과 함께 242억 원의 과징금을 부과했다. 과징금 규모는 동아일보가 62억 원으로 가장 많았고 조선일보가 34억 원, 중앙일보가 25억 원, 문화일보가 29억 원에 이르렀다. 이 조사에서 언론이 불공정거래를 일삼고 재벌들의 부당한 내부거래와 다를 바 없는 일을 해온 사실이 드러났다.

6월 20일 발표된 국세청의 23개 언론사에 대한 세무조사 결과는 더 충격적이다. "23개 중앙언론사와 그 계열기업 및 대주주 등에 대한 세무조사 결과 총 탈루소득 1조 3594억 원과 탈루법인세 5056억 원을 적출했다."[2]

조사결과가 나온 뒤 국세청은 국민일보, 대한매일(현 서울신문), 동아일보, 조선일보, 중앙일보, 한국일보 6개 언론사와 국민일보 조희준 전 회장, 동아일보 김병관 전 명예회장, 조선일보 방상훈 사장을 탈세와 횡령혐의로 고발했다. 이른바 '언론사 사주'들이 줄줄이 구속수감됨으로써 큰 파문이 일었다.

국세청이 당시 밝힌 영장청구대상자의 포탈세액은 김병관 전 명예회장 48억 원, 김병건 전 부사장(김병관의 아우) 47억 원, 방상훈 사장 46억 원, 조희준 전 회장 21억 원 등이었다.

언론사 사주들은 '언론탄압'을 주장하며 이른바 '사법투쟁'을 벌였지만, 대법원은 최종적으로 유죄를 확정했다. 대표적으로 1심에서 징역 3년에 벌금 56억 원을 선고받은 조선일보 방상훈 사장은 2004년 1월 항소심에서 징역 3년, 집행유예 4년과 벌금 25억 원을 선고받았다. 방 사장은 2006년 6월 29일 대법원에서 상고가 기각됐다. 방 사장의 상고가 기각됨으로써 중앙일보와 동아일보에 이어 신문시장을 독과점한 3대 신문사 사주들이 모두 유죄를 선고 받아 발행인 자격을 상실했다.[3]

김대중 정권이 언론사 세무조사를 실시하게 된 데에는 언론현업인단체인 전국언론노동조합과 시민언론운동단체, 그 연대체인 언론개혁시민연대(이하 언론연대)의 줄기찬 요구가 있었다. 언론연대를 비롯한 언론운동 단체들은 신문자본가인 사주들이 개개 언론사 내부에서 황제처럼 군림하며 경영권은 물론 편집권을 좌지우지하는 현실을 고치려면 먼저 언론사 경영의 투명성을 검증해야 한다고 판단했다.

오랜 세월 군부독재와의 밀월 속에 천문학적 이윤을 챙겨온 신문사들이 과연 내야 할 세금을 온전히 냈는지, 세습 과정에서 상속세는 제대로 냈는지가 언론운동 단체들의 가장 큰 관심이었다. 실제로 세무조사 결과, 언론사들의 경영은 전형적인 황제 경영이었음이 드러났다.

문제는 김대중 정권이 언론사 세무조사에서 나타난 사주들의 부도덕성을 곧바로 신문사 소유구조 개혁이라는 언론운동

단체들의 입법요구를 실현하려는 데로 이어가지 못했다는 데 있다. 처음부터 그럴 정책 목표를 세우지 못했고, 그러다보니 '정략적'이라는 탈세언론의 공세에 제대로 대응하지 못했다. 결국 세무조사를 통해 언론사 경영의 투명성을 높이는 전환점을 마련했다는 의미 외에는 아무런 결실을 맺지 못했다. 언론사 사주들은 곧바로 사면을 받아 여전히 '황제 경영'을 이어가고 있다.

누더기로 제정된 신문법

2005년 1월 1일 '신문 등의 자유와 기능보장에 관한 법률'(신문법)이 국회를 통과했다. 이 법은 지난 1998년 언론연대가 정기간행물법 개정안을 청원한 뒤 줄기차게 전개한 신문개혁 입법운동의 열매였다. 언론연대가 중심이 되어 2004년 9월 21일, 신문법안이 입법 청원되자 열린우리당, 한나라당, 민주노동당의 법안이 제출되었다. 하지만 열린우리당과 한나라당만의 야합으로 신문법이 입법화되었다.

결국 언론연대가 처음부터 강조했던 언론개혁 입법의 고갱이인 편집자율성은 실종되었다. 신문사 안에서 황제처럼 언행을 일삼는 신문 사주로부터 언론인들의 편집자율성을 보장하기 위한 장치가 아예 두 당의 야합으로 논의조차 되지 못했다. 그 결과 2005년 1월에 제정된 신문법은 신문사 소유지분 분산 조항이 삭제되고 편집위원회(편집규약)는 아무런 의미가 없는 임의기구로 떨어지고 말았다.

열린우리당과 한나라당의 야합으로 누더기가 된 신문법에 대해서도 동아일보와 조선일보는 위헌소송을 제기했다. 이들이 신문법 대부분의 조항을 위헌이라고 주장한 근거는 그 법이 평등권을 침해하고, 언론자유를 침해하며 과잉규제한다는 데 있다. 여기에는 논리적 전제가 깔려있다. 헌법이 보장하는 언론의 자유를 향유하는 주체는 신문사이며, 실질적으로 발행인이라는 시각이 그것이다.

하지만 바로 그런 논리야말로 기실 언론운동 단체들이 기존의 정기간행물법을 신문법으로 대체하려고 나선 까닭이었다. 두 신문의 헌법소원에 대해 헌법재판소는 2006년 6월 29일, 위헌 여부가 논란이 된 20여 개의 조항 가운데 제17조(시장지배적 사업자 추정)와 제34조 제2항 제2호(시장지배적 사업자 신문발전기금 대상 배제)에 대해서만 위헌 결정을 선고하고 제15조 제3항(신문 복수소유)에 대해서는 헌법불합치 결정을 내렸다. 나머지는 모두 기각이나 각하 결정을 내렸다.

결국 전반적으로 신문법의 고갱이인 '민주적 여론형성을 위한 여론다양성'에 목적을 둔 신문법의 입법정신을 인정했다. 이를테면 헌법재판소는 "신문이 본질적으로 자유로워야 하지만 공정하고 객관적인 보도를 통해 민주적인 여론형성에 기여하고 국민의 알권리를 충족시켜야 한다는 점에서 자유에 상응하는 공적기능을 수행해야 한다"(헌법재판소 결정문, 25쪽) 고 강조했다.

헌법재판소가 신문의 공적기능에 대한 근거를 헌법 제21조 제3항에서 찾은 것도 언론개혁운동 진영과 같다. 언론은 개인적 기본권만이 아니라 민주적 여론형성을 위해 자유롭고 다양한 의사형성을 가능케 해야 하며, 신문의 공적기능과 사회적 책임을 위해서는 필요한 입법적 규율이 허용되어야 한다고 밝힌 것은 의미 있는 일이다.

특히 신문의 다양성을 보호하기 위해 국가의 불간섭을 전제로 하는 '자유로운 경향의 경쟁'이 필요하다는 두 신문의 주장에 대해 헌법재판소가 신문의 독과점(집중화)이 진행될 경우에는 국가의 적절한 규율이 필요하다고 밝힌 것도 획기적이다.

헌법재판소는 "신문의 경향 또한 신문의 독과점 현상과 결합되면 정치적 의견의 다양성을 전제로 하는 다원주의 민주주의 체제에 큰 위협이 되기 때문에 경향 보호를 위해서도 신문의 다양성 확보가 필수적인 전제가 된다"(헌법재판소 결정문, 26쪽)고 밝혔다. 헌법재판소의 이 결정은 앞으로 언론개혁 운동이 신문법 개정운동을 벌여나가는 데 튼실한 토대가 될 것이 확실하다.

이미 헌법재판소는 1992년에도 언론자유란 언론출판자유의 내재적·본질적 표현의 방법과 내용을 보장하는 것을 말하는 것이지, 언론기업의 활동 등을 보장하는 것이 아니라는 결정을 내린 바 있다.

신문법 제17조에 대해서도 신문의 다양성 보장이 목적이라고 본다면, 그 목적 자체의 정당성에는 문제가 없으나 합리적이고 적정한 수단이 되지 못한다고 지적한다. 그 근거 중 하나가 "신문의 발행부수는 독자의 선호도에 의해 결정되는 것인데, 발행부수를 기준으로 하는 시장지배적 지위 추정은 결국 독자의 개별적·정신적·정서적 선택에 의해 결정되는 만큼, 그것이 불공정행위의 산물이거나 불공정행위를 초래할 위험성이 특별히 크다고 볼 만한 사정이 없다. 그렇다면 신문이 시장지배적 지위를 남용할 가능성이 다른 상품이나 용역에 비하여 더 커서 이를 더 엄격히 통제할 필요성은 없다"고 판시한다(헌법재판소 결정문, 41쪽).

물론 헌법재판소의 결정에는 한계도 뚜렷하다. 가령 신문의 발행부수는 독자의 선택에 따른 것으로 그에 기준한 시장지배적 지위는 불공정행위의 산물도 아니고 불공정행위를 초래할 위험성도 높지 않다는 지적이 그것이다.

그러나 우리 신문시장이 불공정한 시장요소에 따라 불합리한 과점시장으로 형성될 우려가 있고 신문독과점의 폐해가 다양한 의견이나 정보의 제공을 불가능하게 하고 여론의 왜곡을 초래할 가능성이 높다는 것이 입법의 근거라는 점에 주목해야 했다(주선회와 이공현의 합헌의견, 83-84쪽).

헌법재판소의 이 결정에 대해서는 이용성(2006)이 다음과 같이 편 반론이 설득력 있다.

"헌재는 시장지배적 지위가 독자의 개별적·정신적 선택에 의한 것이지 불공정행위에 의한 결과로 보기 어렵다고 판단했다. 그러나 헌재가 2002년 신문고시 합헌 결정문에서 인정했듯이, 경품과 무가지 등의 과당경쟁으로 얼룩진 신문시장의 불공정행위가 보여주는 심각성은 다시 강조가 필요가 없을 것이다. 신문시장의 과당경쟁과 불공정행위의 만연은 신문고시, 신고포상금제라는 제도적 장치를 마련하도록 했지만 효과가 별로 없다는 사실은 놓치고 있는 것이다. 신문이 공적인 역할을 하며, 시장독과점이 크게 우려되는 특수한 상품이라는 점은 헌재가 2002년 신문고시와 관련, 합헌 결정하면서 천명한 바 있었다(헌법재판소 2002.7.18.2001헌마605, 판례집 4-2, 84, 103쪽). 흔히 여론상품이라 불리는 신문이 독과점 되면 그것은 여론독과점, 민주적 여론형성의 위기로 이어질 것이라는 우려에서 신문상품의 시장지배적 사업자 추정 요건을 다른 상품보다 강화한 것이었다. 시장지배적 사업자 추정 요건 강화를 통한 신문시장의 독과점 규제는 우리 사회의 다양한 의견이 자유롭게 제시될 수 있는 장을 마련하기 위한 최소한의 장치이기 때문에 헌재의 결정은 더욱 아쉽다."

같은 맥락에서 이용성은 헌법재판소가 시장지배적 사업자 추정이 신문발전기금 지원 배제로 연결되는 부분도 문제가 있다고 본 대목(헌법재판소 결정문, 42-44쪽)에 대해서도 신문발전기금의 취지를 이해하지 못한 것이라며 다음과 같이 요약했다.

"신문발전기금은 편집자율성 보장이나 여론다양성 보장, 독자권익 보호 등 신문법의 취지에 맞도록 신문산업을 지원하기 위한 장치다. 신문발전기금이 여론다양성을 침해할 우려가 있는 시장지배적 신문사업자까지 지원해야 할 이유는 없는 것이며, 건강한 중소신문의 지원은 헌재가 언급한 다수의 신문의 존재를 가능케 하는 방법이기도 하다."

신문시장의 독과점은 오랜 세월동안 군부독재 아래서 누려온 특혜와 밀접하게 관련 있다. 박정희에서 전두환으로 이어진 26년 동안의 군부독재 시기에 신문들은 카르텔과 같은 담합을 통해 안정적인 수입과 성장을 보장받아왔기 때문이다.

1987년 6월 항쟁으로 군부독재가 물러나면서 신문들은 증면이 상징하는 무한경쟁 또는 출혈경쟁에 접어들었다. 군부독재가 마련해 준 '온실'에서 커오던 신문사들이 카르텔 체제가 풀리면서 경영의 문제점을 드러내는 가운데 닥친 1997년 국제통화기금IMF 구제금융 체제는 신문의 위기를 불러온 구조적 요인이었다. 무엇보다 무한경쟁의 가장 심각한 폐해는 자본력이 튼튼한 조선일보, 동아일보, 중앙일보의 여론 독과점으로 나타났다.

문제의 핵심은 열린우리당과 한나라당의 야합으로 제정된 신문법이 민주주의 사회의 핵심기제인 민주 공론장에서 특정

세력이 여론을 독과점하는 문제를 해결하는 데 실패했다는 데 있다. 신문발전기금이나 신문유통원 설립과 같은 가시적 성과가 있었고, 헌법재판소의 결정에 의미 있는 진전이 있었다고 하지만, 가장 중요한 편집자율성이 전혀 법적 보장을 받지 못했다.

현재와 같은 소유구조를 그대로 가져가는 한, 여론시장의 정상화나 미디어 공론장의 활성화는 원천적 한계를 지닐 수밖에 없다. 그 자신이 철저하게 기득권세력인 신문사 사주들이 바라보는 세상읽기가 고스란히 여론화하는 구조에서 벗어날 수 없기 때문이다.

새삼스러운 지적이지만 바로 그 점에서 언론개혁은 모든 사회개혁의 전제일 수밖에 없다. 정치, 경제, 사회, 통일에 이르는 모든 부문에서 변화를 일궈내려면, 무엇을 바꾸고 어떻게 바꿀지에 대한 토론이 벌어져야 하고 국민적 동의구조를 형성해내야 하는데, 바로 그것을 가리틀고 있는 것이 기득권세력을 대변하고 있는 언론이기 때문이다.

언론의 중요성은 역설적이지만 개혁 대상인 수구신문들이 충분히 인식하고 있고, 또 그것을 실제로 만끽하고 있다. 서울 시청앞 광장에 미국 성조기를 흔들며 인공기를 찢는 친미집회에 10만 명이 운집하거나 한나라당을 중심으로 수구세력이 '단결'하고 있는 밑바탕에는 수구신문들의 일치된 여론몰이가 자리하고 있다. 한계가 뚜렷했지만 개혁정권들이 그나마 추구했던 개혁 과제들을 수구-보수신문들은 공론장에서 왜곡시켜 여론화했다. 반면에 엉뚱한 의제들을 집중적으로 부각함으로써 사회적·국가적 소모를 불러오기도 했다.

개혁 철학의 부재, 개혁 정책의 부실

결국 김대중-노무현 정권 10년 동안 시민사회의 언론개혁 운동은 정치권을 자극해 언론사 세무조사와 신문법 제정에 이르렀지만 그 결과는 지극히 한정적인 것이었다. 무엇보다 미디어 공론장의 왜곡이 여전하다는 점에서 김대중-노무현 정권의 언론개혁 정책은 실패했다고 단언할 수 있다.

실패 원인은 어디에 있을까. 개혁의 대상인 언론들의 반발 때문일까. 물론 저항은 컸다. 하지만 그것은 예상했던 일이었고 개혁 대상의 반발이 개혁 실패의 가장 큰 원인일 수는 없다. 개혁 주체에서 원인을 찾아야 옳다.

이 책은 두 정권의 언론개혁 실패의 원인을 무엇보다 개혁의 철학도, 치밀한 정책도 없었다는 점에서 찾고 있다. 개혁의 철학이 없었다는 뜻은, 왜 언론을 개혁해야 하는지에 대한 깊이 있는 인식이 결여되어 있었다는 의미다.

가령 노무현 대통령은 2007년 1월 25일 신년 기자회견에서 방송통신융합을 거론하며 방송산업의 국제경쟁력을 부각했다. 이어 "방송계에서도 방송의 주도권, 방송의 논리만 너무 내세우지 말라"고 주문했다. 그는 방송통신위원회의 상임위원을 모두 대통령이 임명해야 하는 근거로 "그것은 국가 행정작용이며, 국가 행정작용은 합의제 관청을 두더라도 최종적으로 대통령이 책임지는 정부에 속해야 하는 것이다. 누구에게도 속하지 않고 정통성의 뿌리도 어디에 있는지 불투명한 기관이 책임 없이 방송통신 융합을 표류시켜선 안 된다"고 말했다.

권력으로부터 독립된 기구를 만들려고 애면글면 노력해온 방송민주화 운동 그리고 불완전하지만 그 결실인 방송위원회의 위상을 근본적으로 훼손하는 주장이다. 방송계에 내놓고 방송의 논리만 너무 내세우지 말라는 주장은 물론 과연 그가 주장하는 언론개혁의 논리가 어디에 있는지 의문스럽다.

더구나 그보다 이틀 앞섰던 신년 특별연설에서 그는 "FTA 문제는 더 이상 이념의 문제가 아니다. 먹고사는 문제다. 어제 아침 K-TV(정책홍보 국영방송)를 보았더니 나프타(NAFTA, 북미 자유무역협정)가 멕시코 경제와 국민생활에 미친 영향에 대해 이전에 MBC, KBS에서 본 것과는 아주 다른 내용이 나왔다"고 말했기에 문제는 한층 더 심각하다.

조선일보, 동아일보, 중앙일보에 대한 노 대통령의 정치적 공격은 세 신문의 정치적 공격을 더 증폭시켰고, 결국 언론개혁 논리가 정쟁의 대상으로 추락하는 데 중요한 요인이 되었다. 2007년 1월에 신문법 폐지를 내건 미디어 산업 선진화포럼이 대통령선거를 겨냥해 창립된 것은 그 대표적 보기다.[4]

따라서 언론을 포함한 미디어의 전반적 개혁이 왜 필요한가라는 현실 인식부터 명확히 할 필요가 있다. 미디어 현실을 어떻게 인식하느냐에 따라 개혁의 방향과 정책 추진도 달라질 수 있기 때문이다.

앞서 보았듯이 신문시장의 왜곡과 소유구조에서 비롯된 자본의 논리가 공론을 지배해나가는 문제는 그대로 다른 미디어 영역으로 확산되고 있다. 자본의 논리가 미디어 공론장을 지배하면서 미디어는 이윤을 추구하는 미디어 산업이라는 특정한 인식이 심지어 언론개혁을 내건 정치세력에게도 사뭇 보편적인 상식인 양 시나브로 퍼져가고 있는 데 문제의 심각성이 있다.

우리가 민주주의의 핵심 기제로서 공론장public sphere[5]에 주목해야 할 이유가 여기에 있다. 공론장을 민주주의의 핵심 기제로 파악할 때, 공론장의 핵심기제는 현대 사회에서 '미디어 공론장'이다. 공론장의 의제들을 생산하고 주도하고 있는 것이 언론이기 때문이다(손석춘, 2005a).

문제는 미디어 빅뱅Big Bang이란 말이 나올 만큼 사회적 의제를 설정해나갈 수단을 갖춘 미디어들이 폭발적으로 늘어나고 있는데도, 정작 미디어 공론장은 위기를 맞고 있는 현상에 있다. 미디어 개혁의 논리도 바로 그 지점에서 출발해야 옳다.

미디어의 폭증과 저널리즘의 위기

정보통신기술ICT의 발전으로 새로운 미디어들이 줄이어 쏟아지면서 미디어 혁명 또는 미디어 빅뱅이란 말이 한국 사회에서도 자연스레 나오고 있다.[6] 혁명이든 빅뱅이든 분명한 사실은 미디어가 폭증하고 있다는 것이다.

새롭게 나타난 미디어들은 기존의 신문과 방송을 중심으로 한 미디어 체계를 뒤흔들고 있다. 2000년부터 본격화한 인터넷 신문만이 아니다. 휴대전화로 방송을 보고 TV로 인터넷 사용이 가능한 커뮤니케이션 기술의 발전으로 기존의 미디어 구분 자체가 갈수록 무의미해지고 있다.

인터넷 포털 사이트와 블로그는 이미 미디어로 자리잡았

다. 신문, 방송, 통신, 인터넷 미디어들 사이에 융합도 가속화하고 있다.[7] 이동 중에도 방송을 볼 수 있는 DMB(디지털 멀티미디어 방송)와 인터넷 방송인 IPTV는 새로운 미디어 환경을 예고한다.

미디어가 늘어남으로써 수용자들이 선택할 수 있는 미디어는 과거에는 상상도 못 할 만큼 다양해졌다. 적어도 현상적으로만 본다면, 미디어 폭증으로 수용자 복지audience welfare는 크게 향상되었다고 할 수 있다. 특히 인터넷 미디어의 등장에 따른 쌍방향성이 단적으로 보여주듯이 미디어 폭증이 지닌 긍정적 측면을 평가하는 데 인색할 필요는 전혀 없다.

하지만 미디어가 폭증하는 가운데, 민주주의 사회에서 미디어 공론장의 공공성을 담보하는 상징적 기능인 저널리즘은 정작 위기를 맞고 있는 것이 문제다. 한국 저널리즘의 위기를 거론하는 것이 새삼스러운 일로 여겨질 만큼 위기론은 보편화되었다. 언론학계에서도 저널리즘의 위기 진단은 진보와 보수의 성향 차이를 넘어 보편적이다.

예컨대 이민웅(2003: 94)은 "한국 언론의 문제점을 정리하면 20가지도 넘는다"며, 이를 객관성·공정성과 관련된 비판, 상업주의와 관련된 비판, 직업윤리와 관련된 비판, 변화와 지속의 역사적 흐름을 읽는 안목의 부족에 관한 비판으로 분류했다.[8]

저널리즘 위기론은 담론의 차원에 그치지 않는다. 저널리즘 위기가 실제로 얼마나 심각한가를 단적으로 확인할 수 있는 증거는 다름 아닌 저널리스트들을 대상으로 한 여론조사 결과에서 찾을 수 있다. 한국기자협회가 2006년 8월 창립 42주년을 맞아 전국 기자들을 대상으로 하여 한길리서치와 공동으로 진행한 여론조사에서는 취재 현장을 뛰는 기자들 스스로 한국 신문과 방송에 대해 신뢰가 높지 않다는 진실을 확연하게 드러내 주었다.

[표 1]에서 볼 수 있듯이 기자들은 가장 신뢰하는 언론사를 묻는 문항에 대해 절반에 가까운 45퍼센트가 "없다"고 응답했다. 그 수치는 신뢰도 1, 2, 3위로 나타난 한겨레(15.0퍼센트), KBS(12.3퍼센트), MBC(5.0퍼센트)를 모두 합친 숫자보다 많다. 또 하나 주목할 것은 신문 시장에서 큰 영향력을 지닌 조선일보(4.0퍼센트), 중앙일보(3.7퍼센트), 동아일보(2.0퍼센트)의 신뢰도를 합친 수치보다 한겨레의 신뢰도가 높다는 점이다.

기자들 스스로 저널리즘을 불신하고 있는 상황에서 수용자들이 저널리즘을 신뢰하길 바라는 것은 논리적으로도 정당하지 않고 실제 결과도 미디어에 대한 불신으로 나타나고 있다.

물론 미디어 폭증이 한국적 현상이 아니듯이 저널리즘의

표1 _ **기자들이 신뢰하는 언론사** (단위: %)

구분	없다	한겨레	KBS	MBC	경향신문	조선일보	중앙일보	기타
신뢰도	45	15.0	12.3	5.0	5.0	4.0	3.7	10

*출처 : 한국기자협회(2006), 창립 42주년 기념 전국기자 여론조사를 바탕으로 재구성

위기 또한 한국적 현상만은 아니다. 커뮤니케이션 혁명을 선도하고, 정보화가 가장 발달한 사회라는 평가를 받는 미국에서도 저널리즘은 위기를 맞고 있다. 언론이 국민에게 관심을 기울이고 있다고 생각하는 미국인이 1985년의 41퍼센트에서 1999년에는 21퍼센트로 떨어졌다(Kovach and Rosenstiel, 2001: 10). 언론의 감시 역할을 존중한다는 사람의 비중은 같은 기간에 67퍼센트에서 58퍼센트로 낮아졌다. 언론이 민주주의를 수호했다고 생각하는 사람도 55퍼센트에서 45퍼센트로 떨어져 절반 이하가 되었다.

컬럼비아 대학의 캐리Carry, James가 "더욱 확대된 커뮤니케이션 세계 속에서 저널리즘이 사라지고 있다"고 말했듯이 미국도 저널리즘 위기를 실감하고 있다. 미국 신문사의 편집국장들이 "편집국에서 우리는 더 이상 저널리즘에 대해 이야기를 나누지 않는다"거나 "우리는 회사의 경영과 수익에 신경을 쓸 수밖에 없다"고 자인하고 있다(Kovach and Rosenstiel, 2001: 10).

미국 언론계에서 저널리즘 위기 현상을 진단하고 이를 극복하기 위한 모색이 줄기차게 진행되고 있다는 사실은 주목할 만하다. 미디어가 폭증하면서 기존 언론사들이 위기를 맞고 있는 상황을 진단하고 저널리즘의 가치 복원을 대안으로 강조하고 있는 흐름은 한국 저널리즘 사회에 성찰을 요구한다.

미국 CJR(Columbia Journalism Review)의 기고담당 편집장인 맥콜램McCollam, Douglas(2006)은 월스트리트의 압력으로 황폐

해가고 있는 신문 저널리즘을 진단하며 '길은 없는가A Way Out?'를 묻는다. 이에 대해 그가 제시한 길이 바로 '저널리즘의 가치'다. '시민에 의한 시민을 위한 풀뿌리 저널리즘Grassroots Journalism by the People, for the People'을 강조한 길모어Gillmor, Dan(2006)도 모든 사람이 저널리스트가 되는 시대에 최선의 전략으로 미디어 윤리의 확립을 강조했다.[9]

비단 미국만이 아니다. 2006년 6월에 러시아 모스크바에서 110개국 1700명의 언론인이 참가한 가운데 열린 제59회 WAN 총회에서도 신문의 위기를 의식해 '신문, 혁신의 새 시대'란 주제를 잡았다.[10] 미주리대학 교수 메이어Meyer, Philip는 미국 신문이 어떻게 월스트리트의 포로가 되었는지를 분석(2004: 174~200)한 뒤, 정보화 시대에 저널리즘을 살리기 위해 필요한 것이 저널리즘 윤리임을 강조했다(228~244). 게다가 저널리즘 윤리의 문제를 해결하기 위해, 미국 대학의 언론학과는 커리큘럼의 혁신을 모색해가고 있다(이재경, 2005).

미디어 폭증 시대에 저널리즘의 위기는 공론장의 위기와 민주주의 위기로 이어질 수밖에 없다. 그러나 미국의 언론 현장과 언론학계에서 저널리즘이 다시 강조되고 있는 추세와 달리 한국 사회와 언론계에서는 저널리즘 윤리의 문제가 경시되어 왔다.

그래서다. 한국 저널리즘의 위기를 극복하려는 기존 연구들을 분석해보고 저널리즘 위기의 실체가 무엇인가를 규명할 필요가 있다. 미디어 공론장 위기의 실체를 정확히 규명하는 일이 저널리즘의 위기를 벗어나는 개혁 방안을 찾는 데 선행 과제이기 때문이다.

미디어 공론장, 왜 위기인가

미디어 산업의 위기

한국언론재단은 1990년대 중반 이후 꾸준하게 한국 언론의 위기를 진단하고 대안을 제시하는 연구보고서를 발간해 왔다 (UR 보고서, 1995; 신문의 위기, 2003; 위기의 한국 신문, 2005). 디지털 기술의 혁신과 미디어 비즈니스의 다양화와 다각화로 간추려지는 미디어 폭증 현상 앞에서 위기의 초점은 주로 신문에 맞춰졌다. 실제로 신문산업은 광고와 판매를 비롯해 전체 매출액이 계속 하락세를 나타냄으로써 전반적으로 경영의 위기를 맞고 있다(장호순, 2006).

미디어 빅뱅시대를 맞은 신문산업이 발전할 수 있는 방안도 모색되었다. 신문의 '상업화·국제화·복합화'가 필요하다는 연구가 산업의 측면에서 언론 위기에 접근한 대표적 사례다. 일본의 아사히신문을 비롯해 신문업계가 모바일을 통해 수익을 올리고 있으며, 미국 뉴욕타임스는 방송·잡지사업은 물론이고 인터넷 사이트의 인수와 합병에도 적극적이라는 것이다(김택환, 2005).

그러나 이재경(2004)도 지적했듯이, 미디어 산업을 중심에 둔 연구들은 기사의 문제나 취재의 관점, 기자윤리, 언론의 사회적 역할과 같은 저널리즘적 쟁점에 집중하지 않고 있다. 시장개방에 따른 국내 언론산업의 경쟁력 약화나 구독자 감소, 광고 이탈, 경쟁 격화에 따른 언론사의 존립기반 붕괴와 같이 '비즈니스' 또는 산업 혹은 정책적 고려사항들에 초점을 맞춤으로써 미디어 공론장의 논의는 진전이 없었다.

소유구조와 편집의 자율성

언론위기에 대한 연구가 언론산업에 국한되었던 것은 아니다. 한국 저널리즘의 위기에 대한 문제의식 아래 언론현업인 단체가 언론학자들에게 공동연구를 제의하기도 했다.

전국언론노동조합연맹이 1995년에 언론개혁위원회를 구성하고 1년 동안 활동한 뒤 펴낸 연구보고서《죽은 언론 살리기》(1996)가 대표적 보기다. 위원회 구성원인 방정배, 손석춘, 유한호, 이효성이 공동으로 집필한 이 책에서 방정배는 편집권 독립의 이론적 접근과 실천적 대안(151~194)을, 이효성은 수용자 언론참여의 법적 제도적 방안(73~102)을, 유한호는 언론매체 소유권의 공공화와 공적통제 방안(103~150)을, 손석춘은 죽은 언론을 살리기 위한 언론노동운동의 과제(1~16)를 제기했다. 신문 판매시장의 혼탁상이 저널리즘의 질적 경쟁을 저해한다는 문제의식 아래 판매시장의 개선 방안에 대해서는 정연구(1996)의 연구 성과들이 이어졌다.

전국언론노조의 보고서나 판매시장을 분석한 논문들은 실제로 언론개혁운동의 논리적 기반이 되었고, 그 가운데는 신문발전위원회 구성이나 신문유통원 설립처럼 현실화된 것도 있다. 따라서 언론위기에 대한 연구가 산업적 논리에 치중했다는 분석은 공정하지 못한 평가라고 할 수 있다. 산업 논리를 벗어나 저널리즘 본연의 기능을 살리기 위한 법적·제도적 개선 방안에 대한 연구들이 지닌 중요성을 과소평가했기 때문이다.

1998년 한국언론정보학회가 참여한 언론개혁시민연대(언론연대)가 출범한 뒤, 법제 개선에 관한 연구는 더 활성화됐다. 대표적인 연구서가 《신문개혁 이렇게 합시다: 한국 신문의 문제점과 개선방안》(2000)이다. 이 연구서에는 김서중의 신문사 지배구조 개혁 방안을 비롯해 광고시장 개혁 방안(임동욱), 판매시장 정상화 방안(정연구), 언론윤리 제고 방안(이재진), 전문성 제고 방안(김창룡), 언론피해 구제의 효율화 방안(유일상), 언론발전위원회 구성 방안(김택환)들이 담겨 있다.

그럼에도 '저널리즘적 쟁점'에 대한 언론학계의 연구가 부족했다는 지적은 설득력이 전혀 없지 않다. 산업 연관성이 높은 언론학의 특성상 연구의 의제 결정과 생산 과정이 매체산업의 논리에 따라 많은 영향을 받음으로써 매체산업에 관한 지식과 정책 과제들을 다룬 연구가 양산되어 온 것도 사실이기 때문이다(문종대, 2001).

그 결과 이론 및 언론철학에 대한 연구뿐 아니라 언론학의 전통적인 연구 분야인 저널리즘 윤리나 내용, 역사에 대한 연구가 다른 연구영역에 비해 위축되고 있다.

소유구조나 편집자율성 확보에 대한 법제적 해결 방안 또한 그 자체가 목적이 아니라는 사실에 주목할 필요가 있다. 더구나 최근 나타나고 있는 저널리즘 위기는 소유구조나 편집의 내적 구속에서만 기인한다고 보기 어려울 만큼 저널리즘의 기본윤리조차 지키지 않는 게 더 큰 문제다. 소유구조의 문제점이 미디어 공론장의 핵심기제인 저널리즘의 내용 분석과 연결되지 못함으로써 언론개혁의 절박성에 대한 설득력이 부족했다는 아쉬움도 있다.

결과적으로 소유구조 개혁이 저널리즘의 발전을 위한 것이라는 논리적 근거를 제시하는 데 소홀하고 집권세력의 정치적 과잉언행이 이어짐으로써 언론개혁은 '특정 언론 죽이기' 차원이나 정쟁의 대상으로 떨어지고 말았다.

저널리즘의 정파성과 책임

한국 저널리즘의 위기가 언론의 정치적 편파성에 원인을 두고 있다는 분석은 이민웅(2003), 이재경(2004), 이준웅(2004), 강명구(2005)의 연구로 이어지며 흐름을 형성하고 있다.

특히 정파성 문제의 위기를 강조해 온 연구자는 이민웅과 이재경이다. 두 연구자 모두 저널리즘이 취재 및 보도와 관련된 직업상의 기능에 그치지 않는다는 데서 출발한다. 실제로 저널리즘은 민주주의의 유지 및 발전과 관련된 이념을 내포하고 있다. 정확하고 공정한 정보 전달을 통해 주변 환경을 감시하고 그러한 정보에 대한 수준 높은 분석과 해석을 통해 민주사회 정통성의 토대가 되는 여론을 형성하여 생활인으로서의 국민, 시민으로서의 국민을 위해 그들의 '알권리'를 대행해야 한다(이민웅, 2003: 247)는 것이다.

한국 언론의 문제점을 20가지도 넘는다고 분석한 이민웅은 그 연장선에서 언론개혁에 동의한다. 다만 "비제도적 공간에서 유사한 시각을 가진 사람들끼리 모여 산발적으로 진행해 오던 개혁에 관한 '끼리끼리' 담론을 제도적 공간(국회)으로 수렴하여 진정한 공론의 과정을 거쳐 개혁안을 마련해야 한다"고 강조한다(101).

또한 법적 제도의 개혁은 입법기관이자 국민의 대표기관인 국회가 나서서 국회 안에 독립적인 '가칭 언론개혁특별위원회'를 설치하여 여야, 각계 전문가, 이해당사자, 시민단체들이 참여한 가운데 개혁안을 마련하는 방법이 바람직하다고 주장한다(102).

하지만 이민웅은 2001년 1월 당시 김대중 대통령이 연두 기자회견에서 "언론도 공정한 보도와 책임 있는 비판을 해야 한다고 생각한다. 언론계, 학계, 시민단체, 국회가 모두 합심해 투명하고 공정한 언론개혁을 위한 대책을 세워야 할 것"이라고 제안했을 때는, 정작 반대했다. 중앙일보 2002년 2월 14일자에 실린 칼럼 〈신문개혁의 주체는 독자다〉에서 "정부가 직접 나서지 않고 언론계, 학계, 시민단체, 국회가 언론개혁의 주체가 되는 일종의 조합주의 방식을 동원하려 한다"며 이를 "포퓰리즘적 접근"이라고 비판한다.

언론개혁특별위원회를 설치하자는 자신의 주장과 대통령의 발언이 거의 같은 내용인데도, 포퓰리즘으로 반대할 만큼, 언론개혁 논의 자체가 학계에서도 정파성의 틀에 갇혀있음을 입증해준 사례다. 결국 신문사들의 반발 속에 언론개혁은 "언론계, 학계, 시민단체, 국회가 모두 합심해 투명하고 공정한 언론개혁을 위한 대책을 세워야" 할 상황에서 정쟁의 대상으로 떨어졌다.

물론 한국 언론에 정파성은 분명히 존재하고, 그것이 신뢰의 위기를 불러오고 있는 것도 사실이다. 한나라당이나 열린우리당, 민주당에 친화적인 언론이나 언론인들이 있는 것도 사실이고, 그 언론사나 언론인들의 기사와 논평에서 정파성이 담겨있는 것도 사실이다.

하지만 정파성의 잣대로 저널리즘 위기를 파악하는 것은 일면을 지나치게 전면화하는 오류를 범할 수 있다. 한국 언론의 문제점을 정파성의 틀로 분석할 때, 저널리즘에 대한 분석이 더 이상 진전되지 못할 수 있기 때문이다. 그런 오류를 범할 우려는 이재경의 연구에서도 발견할 수 있다.

이재경(2004)은 저널리즘 위기 가운데 가장 기본적이고 핵심적인 위기를 기사의 위기로 규정한다. 기사의 위기를 구성하는 요인으로 "언론사가 정파적 입장을 견지하며 보도대상 사실을 선택적으로 포함시키거나 배제하는 편집 관행"을 들고 그것이 "광범위하게 존재"한다고 분석한다. "특히 노무현 정부로 들어서면서 이러한 경향이 더욱 노골화되는 추세를 보인다"면서 대표적인 보도대상 영역들로 "대통령과 관련된 사안들과 한미관계 관련 기사들, 북한 핵문제 관계 사실들과 경기회복에 관계된 기사들"을 꼽았다.

그 결과 이재경이 파악하는 '위기'는 "각 매체사의 사설이나 칼럼들이 주장하는 의견기사들과 맞물려 특정 신문을 보수신문이나 진보신문으로 이름 지우는 역할을 해왔고 지난 10여 년 동안 독자들도 자연스레 이러한 이념적 편가름을 받아들이는 추세를 보이는 것"이다.

하지만 그가 강조했듯이 "여기서 생각해야 하는 문제는 과연 이 세상에 '진보적 사실'이 따로 있고 '보수적 사실'은 또 별도로 존재한다는 말인가 하는 것"이다. 이재경의 분석처럼 "만약 이것이 보편적인 저널리즘의 원칙으로 자리잡는다면 우리 사회에서 모두가 공유하는 현실 인식은 구조적으로 불가능한 희망이 될 것이고, 현실에 대한 논리적 토론도 성립할 수 없게 될 것"이 분명하다.

그런데 이재경은 문제의 본질을 옳게 제기하면서도 정작 "대통령과 관련된 사안들과 한미관계 관련 기사들, 북한 핵문제 관계 사실들과 경기회복에 관계된 기사들"에서 단지 정파적 대결상만 강조하고 있을 뿐, 어떤 것이 저널리즘의 기본에 충실한 보도와 논평인지 더 들어가는 분석을 회피하고 있다.

주목할 것은 이재경과 이민웅 모두 '사회제도로서의 저널리즘의 위기'를 주장하고 '현대사회의 핵심인 공론장public sphere'의 위기를 거론하고 있다는 점이다. 하지만 '국가state와 개인private 사이에서 사회구성원 모두에게 해당하는 사안들을 동등한 자격으로 토론하는 특별한 마당'으로서 공론장이 한국 사회에서 "지속적으로 상업화하거나 파당화 또는 사유화"(이재경, 2004)되고 있다는 주장에 머물 뿐, 파당화가 저널리즘을 왜곡하고 있는 양태에 대한 분석이나 시시비비를 가리는 판단으로 전혀 나아가지 않는다.

정파성의 문제와 달리 저널리즘의 위기를 '어카운터빌리티accountability' 개념으로 접근한 연구도 있다. 한국언론학회를 책임연구자로 한 《변화하는 미디어의 사회적 책임: 미디어 어카운터빌리티와 수용자 복지를 중심으로》(2005)가 대표적 연구서다. 미디어의 사회적 책임을 강조하는 연구지만, 여기서도 저널리즘의 구체적 내용에 대해 책임을 묻고 있지는 않아 아쉬움을 남긴다.

저널리즘의 내용에 대한 분석과 판단이 없을 때, 연구자의 의도와 달리 논의가 자칫 공허하게 변질되거나 정파성의 위기처럼 모두 잘못이라는 분석으로 갈 우려가 있다. 누가 또는 어떤 기사가 저널리즘의 어카운터빌리티를 외면하고 있는지에 대한 분석이 필요한 까닭이다.

저널리즘 위기 가운데 가장 기본적이고 핵심적인 위기가 기사의 위기라면, 그리고 기사가 독자나 시청자에게 현실을 인식시키는 기초단위라면, 무엇보다 필요한 것은 우리 시대가 풀어야 할 주요 쟁점을 저널리즘이 어떻게 다루고 있는지 면밀하게 분석하는 일이다.

저널리즘, 위기의 실체와 존재의 원칙

지금까지 저널리즘 위기에 대한 기존 연구를 언론산업의 위기, 소유구조와 편집자율성의 위기, 언론의 정파성과 책임에 관한 연구로 나누어 분석해보았다. 세 가지 접근방법과 연구는 각각 한국 저널리즘의 위기를 부문별로 꼼꼼히 분석하고, 저널리즘 분석에 필요한 이론적 뒷받침을 제시하고 있다. 이 책은 세 연구방법과 달리 저널리즘 위기의 실체를 파악하는 데서 출발한다.

먼저 이 책에서 사용하는 개념부터 명확하게 정의할 필요가 있다. 철학적 개념으로서 실체substance는 일찍이 칸트Kant, I.가 '실재하는 모든 것, 곧 사물의 실존에 속하는 것의 기저'

로 정의했듯이, '변화무쌍한 물질의 근저에 놓여있는 지속적이고 불변적인 것'을 이른다(임석진, 1983: 231). 하지만 이 책에서 말하는 저널리즘 위기의 '실체'는, 철학적 개념에 비해 느슨한 개념이다.

저널리즘에서 보편적으로 사용하고 있는 '사건의 실체'나 '실체적 진실'이라는 말에서 나타나듯, 국어사전에서 정의하고 있는 의미로서 실체, 곧 외형에 대한 실상實相의 개념이다. 국어사전에서 정의하는 실체 개념은 "여러 가지 속성이 귀속되는 기체基體, hypokeimenon"로서 철학적 실체 개념과 이어져 있다. 따라서 이 책에서 저널리즘 위기의 실체를 분석하는 것은, 겉으로 드러난 여러 위기의 양태를 넘어 위기의 실상을 온전히 파악한다는 의미다.

저널리즘의 '존재원칙'에 대해서도 개념 규정이 필요하다. 저널리즘은 통상 '활자나 전파를 매체로 시사적인 정보와 의견을 대중에게 전달하는 활동'을 의미한다. 하지만 이민웅(2003)과 이재경(2004)도 강조했듯이, 저널리즘은 그 이상의 의미를 지니고 있다. 민주주의 사회의 유지와 발전에 중요한 제도로서 저널리즘의 존재원칙을 명확하게 정의하는 것은 쉬운 문제가 아니다.

다만, 미국 언론계가 공동연구 결과물로 펴낸 《The Elements of Journalism》은 저널리즘의 존재원칙에 대해 누구나 동의할 수 있는 명제를 간명하게 제시하고 있다. "저널리즘의 목적은 사람들이 자유로워지고 자신을 스스로 통제free and self-governing하는 데에 필요한 정보를 제공하는 것"(Kovach and Rosenstiel, 2001:12)이다. 기실 미디어 폭증시대에 저널리즘의 존재가 더욱 절실한 이유도 바로 여기에 있다.

만일 존재원칙이 흔들릴 때, 우리는 저널리즘의 존재 이유를 다시 묻게 될 수밖에 없으며, 바로 그 점에서 그것을 저널리즘의 실체적 위기로 규정할 수 있다. 저널리즘의 존재원칙을 분석하는 잣대나 기준은 결국 철학의 문제, 윤리의 문제가 아닐 수 없다.

이 책은 실체의 개념 정의에서 시작해 무엇이 저널리즘의 존재원칙에 근거한 기본윤리인가를 규명하고, 한국 저널리즘이 그 원칙과 윤리에 얼마나 충실한가를 구체적인 기사분석을 통해 검증한다. 한국 저널리즘은 산업의 위기나 정파성의 위기 이전에 근본적으로 저널리즘의 존재원칙과 기본윤리를 스스로 부정하는 실체적 위기를 드러내고 있다는 점에서 문제가 심각하다.

미디어 공론장,
위기의 실체를 말한다

미국 신문편집인협회 윤리강령 제1조에서 선언하고 있듯이 "뉴스와 여론을 수집하고 전파하는 가장 큰 목적은 국민에게 그 시대의 문제가 무엇인가를 알려주고, 그에 대해 판단할 수 있게 함으로써 전체적 번영에 봉사하기 위한 것이다."

제1조의 내용은 "사람들이 자유로워지고 자신을 스스로 통제하는 데에 필요한 정보를 제공하는 것"이 저널리즘의 존재 원칙이라는 시각Kovach and Rosenstiel과 이어진다. 자유롭고 스스로 통제에 필요한 정보를 제공하는 것이 곧 국민에게 그 시대의 문제가 무엇인가를 알려주고, 그에 대해 판단할 수 있게 함으로써 전체적 번영에 봉사하는 길이기 때문이다.

미국 신문편집인협회 윤리강령 1조에서 우리는 누구나 동의할 수 있는 저널리즘의 기본윤리를 추출해낼 수 있다.

"국민에게 그 시대의 문제가 무엇인가를 알려주기" 위해서 꼭 필요한 저널리즘의 기본윤리는 '진실'이다.[11] 그리고 "문제에 대해 판단할 수 있게 함으로써 전체적 번영에 봉사"하는 데 무엇보다 필요한 덕목은 '공정'이다.

미국 신문편집인협회 윤리강령 제1조에서 진실과 공정을 저널리즘의 기본윤리로 추출했지만, 기실 그 두 개념은 김지운의 연구(2004)에서도 확인할 수 있듯이 세계 여러 나라의 기자윤리 강령에 공통적으로 나타나는 보편적 가치다.[12] 문제는 저널리즘의 보편적 가치로서 가장 근본적인 윤리, 저널리즘의 존재원칙이 한국 저널리즘에서 지켜지지 않는 데 있다.

첫째는 '진실의 위기' 다

이론으로 보는 진실의 위기

진실은 저널리즘의 기본윤리로서 연구자들 사이에 '거의 완전에 가까운 합의'가 이뤄진 가치다(김지운, 2004: 156). 미국 언론윤리학계에서도 "진실truth은 언론과 커뮤니케이션 활동에서 가장 으뜸가는 표어" 다(Merrill, John. 1997: 105).

진실은 저널리즘의 윤리 이전에 저널리즘의 정의와도 곧장 이어진다. 저널리즘을 "지금까지 알려지지 않은, 새로운 실제actual, 세계의 모습feature에 관한 진실한 진술 또는 기록이라고 주장하는 문자, 음성, 영상 형식의 저작된 텍스트"(McNair, 1998: 4)로 규정할 때, 진실은 저널리즘의 성립 요건이 되는 것이다.

진실보도는 단순한 사실보도와 구분되거나 교환적으로 사용된다. 하지만 사실에는 존재론적으로 객관적 사실, 주관적 사실이 있을 뿐 아니라 인식론적으로도 객관적 사실과 주관적 사실이 있기 때문에, 엄밀하게 말해서 사실보도, 객관보도는 적절한 개념도 아니고 가능하지도 않다(이민웅, 2003: 199). '사실에 대한 보도' 또는 '보도된 사실'이라고 말하는 것은 가능하나 사실보도는 가능하지 않다는 것이다. 결국 "특정한 현실에 대한 언론의 보도가 그 현실을 구성하는 사실을 정확하게, 그리고 종합적으로 표상하여 그 사실에 최대한 근접할 때" 진실보도라고 할 수 있다(이민웅, 2003: 200).

리프만Lippman, Walter은 언론학의 고전이 된《Public Opinion》에서 진실은 단순히 어떤 사실이 일어났다는 것을 알려주는 데 있지 않다고 강조한다. 진실의 기능은 숨어있는 사실을 규명하는 것, 그 사실들의 연관성을 드러내주는 것, 그리고 사람들이 그에 근거해서 행동할 수 있는 현실의 상 a picture of reality을 보여주는 것이다(1954: 358).

진실에 대한 리프만과 이민웅의 정의를 판단기준으로 삼을 때, 한국 저널리즘[13]은 진실보도에 얼마나 근접하고 있을까. 앞서 이재경(2004)이 '정파성의 위기'로 든 북한 핵문제 관련 기사와 논평을 분석해 보면 명확하게 드러난다.

미국과 조선민주주의인민공화국[14] 사이에 불거진 핵문제
는 자칫 전쟁의 참화를 불러올 수도 있다는 점에서 한국 저널
리즘이 진실보도에 힘을 기울여야 할 의제agenda 가운데 하나
다. 하지만 '현실규정자'로서 한국 저널리즘은 문제가 되는 현
실을 개념화하는 데부터 큰 논란을 빚고 있다. 리영희(2005)는
언론이 '북핵 문제'로 규정하는 게 잘못이라고 지적한다.

"단지 언어학적 해석으로서 '북한과 관련한 핵문제'로 압
축하여 표현하는 것은 오류"고 "언론들이 북핵 문제가 거론될
때마다 '북한이 핵을 만들어 동북아를 위협하고 있다'는 논리
를 펼쳐 보이는 것은 내용과 개념을 정확히 표현하지 못한 것
이다. 이는 또한 역사적 인과관계를 제대로 인식하지 못함으
로써 사고와 사회의 혼란을 가져오게 한 요인"이라고 분석한
다. 리영희는 언론사들이 단순히 "북한의 핵문제로만 보아서"
대다수 독자들도 잘못 알고 있다며 "미국의 대북한 핵전략과
대북정책의 인과관계"를 강조했다.[15] 언론이 무비판적으로
사용하고 있는 '북핵 문제'를 '북미 핵문제'로 규정해야 옳다
는 것이다.

대북 관련 기사에서 자주 등장하는 기호들로 한국 저널리
즘의 논리적 전개를 도식화하면, 북미 핵문제를 보도하고 논
평하는 틀frame이 비교적 명료하게 드러난다.

한국 저널리즘의 '틀'로 보면, 모든 갈등과 긴장은 '김정일
의 벼랑끝 전술'과 '국제사회에 대한 협박'에서 비롯한다. 그
보도와 논평의 틀을 조금이라도 벗어나는 담론과 정치세력에
대해서는 '친북'이나 '좌경' 또는 '김정일 추종세력'이라는 기
호로 몰아붙인다.

하지만 북미 핵문제를 둘러싼 사실fact들을 조금만 들여다
보더라도 단순논리의 틀이 지닌 문제점은 쉽게 드러난다. 예
컨대 핵무기 개발을 선언한 조선민주주의인민공화국 외무성
성명에 대해 한국 저널리즘은 '김정일의 호전성'과 '뒤통수
맞은 참여정부' '햇볕정책에 배신'들과 같은 기호로 보도하고
논평했지만, 정작 짧은 성명의 전문만 읽어 보아도 전혀 새로
운 사실을 확인할 수 있다.

2005년 2월 10일 발표된 외무성 성명은 "수차 언명해온 바
와 같이 우리는 미국에 '제도 전복'을 노리는 적대시 정책을
포기하고 조미 평화공존에로 정책 전환을 할 데 대한 정당한
요구를 제기하고 그렇게만 된다면 핵문제도 다 해결할 수 있
다는 립장을 표명" 했지만 조지 부시 대통령이 재선 뒤 취임식
에서 '폭압정치의 종식'을 최종 목표로 선포하고 "필요하면

무력 사용도 배제하지 않을 것이라고 공공연히 폭언하였다"
고 비판했다.[16]

눈여겨 볼 대목은 바로 다음이다. "지금까지 우리는 미국이
우리 제도에 대해 시비질하지 않고 우리의 내정에 간섭하지
않는다면 우리도 반미를 하지 않고 우방으로 지낼 것이라는
립장을 명백히 밝히고 핵문제의 해결과 조미관계 개선을 위
해 할 수 있는 모든 노력을 기울여 왔다"거나 "사상과 리념,
제도와 신앙의 차이를 초월하여 평화와 공존, 번영을 지향하
여 나가는 것은 새 세기의 시대적 흐름이며 인류의 념원"이라
는 언명이다.

실제로 김정일 국방위원장은 미국과 국교 수립을 갈망하고
있다. 경제 현실을 개선하기 위해 "반미를 하지 않고 우방으
로 지낼 것"임을 몇 차례에 걸쳐 밝힌 것도 사실이다. 하지만
미국은 그 이전에 핵무기를 폐기하라고 요구한다. 조선민주
주의인민공화국은 미국이 평화공존만 약속한다면 언제든지
핵무기를 폐기하겠다고 맞서 있다.

외무성 성명의 마지막은 "우리의 핵무기는 어디까지나 자
위적 핵 억제력으로 남아있을 것"이며 "대화와 협상을 통하여
문제를 해결하려는 우리의 원칙적 립장과 조선반도를 비핵화
하려는 최종 목표"를 거듭 강조했다.

여러 가지 사실들을 종합해 볼 때, 조선민주주의인민공화
국과 미국 사이에 현실을 보는 시각 차이가 크다는 사실을 확

인할 수 있다. 북핵 문제가 아니라 북미 핵문제가 올바른 현실 규정인 이유가 여기에 있다. 이 말은, 북미 핵문제의 책임이 전적으로 미국에 있다는 주장과는 거리가 멀다. 핵문제를 대처해나가는 데 조선민주주의인민공화국의 정책에서도 경직된 모습은 쉽게 발견할 수 있다.

국제정치학적 연구가 아닌 이 논문에서 주목하는 것은 한국 저널리즘이 팽팽하게 대립된 두 논리 가운데 한쪽만을 부각하고 다른 쪽 논리는 아예 공론장에서 배제함으로써 진실을 온전히 파악하고 전달하는 데 실패하고 있다는 점이다.

한 가지 분명한 사실은, 적어도 2000년 6.15 남북공동선언 이후 북이 미국과 국교 수립을 원하고 그것을 공표해왔다는 점이다. 따라서 북이 쇄국주의를 고집한다는 데서 출발한 한국 저널리즘의 틀은 전제부터 잘못된 것이다.

편향되고 일방적인 정보에 바탕을 둔 단순논리의 틀로 문제를 바라보기 때문에 한국 저널리즘이 제시하는 북미 핵문제 해결 방안도 단순논리의 연장이다. 한국 언론에 자주 나오는 기호들로 구성해보자.

한미동맹 강화 ➡ 한미일 공조 ➡ 국제사회의 대북압박 ➡ 한국의 대북 햇볕정책 포기 ➡ 북한의 핵무기 포기 ➡ 김정일의 시대착오적 쇄국주의 정책 포기

해법과 관련해서도 자신의 보도틀과 어긋나는 담론이나 정치세력에 대해서는 '친북'이나 '좌경' 또는 '김정일 추종세력'이라는 기호로 배제했다. 결국 그 논리는 북의 핵무기 실험에서도 확인되었듯이 비현실적이고 비효과적인 틀에 지나지 않았다. 북미 핵문제를 둘러싸고 노무현 정부와 언론이 빚고 있는 갈등도 기실 여기서 비롯된 현상 가운데 하나다.

따라서 북미 핵문제와 관련된 보도와 논평을 '언론의 정파성'이나 '파당성' 사례로 제시하는 것(이재경, 2004)은 표면적 분석이다. 친여언론과 야당언론, 또는 친북이나 반북, 혹은 보수언론과 진보언론의 정파 문제 이전에, 진실의 문제가 가로 놓여있기 때문이다.[17] 무엇보다 중요한 것은 단순논리로 북미 핵문제를 해결하겠다고 나설 때, 문제해결이 어려울 뿐더러 자칫 민족적 참화를 불러올 수 있다는 점이다.[18]

리프만은 물론 이민웅의 진실보도 개념에 비추어보더라도 북미 핵문제 보도는 진실보도와 동떨어져있음을 쉽게 확인할 수 있다. "현실을 구성하는 사실을 정확하게, 그리고 종합적으로 표상하여 그 사실에 최대한 근접"하는 것을 진실보도라고 할 때, '현실을 구성하는 사실을 정확하게' 보도하기 위해 다양한 시각의 정보를 제공하지도 않았고 '종합적으로 표상하여 그 사실에 최대한 근접'하려는 노력도 없을 뿐 아니라, 오히려 '다각적 정보 접근'이나 '종합적 표상'을 위한 토론 자체를 '색깔공세'로 가로막고 있기 때문이다.

한국 저널리즘이 냉전 논리의 틀, 독일 통일과 동구권 몰락 이후 흡수통일의 틀에서 벗어나 새로운 인식의 틀을 갖추는 것은 보수적인 언론단체인 관훈클럽의 보고서(2000: 237)에서도 제기될 만큼 절실한 과제다.

표 2 _ 수용자들의 언론 신뢰도 (단위: %)

	매우 신뢰한다	대체로 신뢰한다	보통이다	별로 신뢰하지 않는다	전혀 신뢰하지 않는다
2004년	0.2	19.3	48.8	30.6	1.6
2002년	0.9	24.4	28.8	42.9	3.1

* 출처 : 한국언론재단(2004), 수용자 의식조사

진실과 거리가 멀거나 동떨어진 보도관행은 [표 2]에서 볼 수 있듯이 그대로 수용자들의 불신으로 이어진다. 한국언론재단(2004)이 2년마다 정기적으로 실시해온 수용자 의식조사의 2004년 결과를 보면, 언론을 신뢰한다는 응답자는 '매우 신뢰한다'(0.2퍼센트) '대체로 신뢰한다'(19.3퍼센트)를 합쳐 19.5퍼센트에 불과했다. 2년 전 같은 조사에서 언론의 신뢰도는 25.3퍼센트였다. 반면 신뢰하지 않는다는 응답자는 '별로 신뢰하지 않는다'(30.6퍼센트)와 '전혀 신뢰하지 않는다'(1.6퍼센트)를 합쳐 32.2퍼센트에 이르렀다. 48.8퍼센트는 '보통'이라고 응답했다.

내용으로 보는 위기 : 스웨덴 모델 저널리즘

2006년 9월에 이른바 '스웨덴 모델'을 쟁점으로 한 한국 저널리즘의 보도와 논평을 꼼꼼히 살펴보면 우리는 한편의 희비극을 감상할 수 있다. 희비극이라 흔히 말하지만 서양의 극형식으로 보면 비희극이 정확히 옮긴 말이다. 서양의 희비극은 비극적 분위기가 지배하지만 행복한 결말을 맺기 때문이다. 서양의 희비극 전개엔 뚜렷한 전형이 있다. 대체로 상류사회의 인물은 비극적이고, 민중은 희극적으로 그린다. 바로 그 점에서 서양의 극형식 분류는 한국의 무대에 맞지 않는다. 우리 근현대사는, 특히 민중의 역사적 삶은, 비극으로 이어진 까닭이다. 다만 삽화처럼 희비극이 종종 나타나기도 한다.

현지시간으로 2006년 9월 17일 실시된 스웨덴 총선에서 중도우파를 표방한 우파야당연합인 온건당Moderate Party은 사민당의 중도좌파연합을 1.9퍼센트 차이로 누르고 25년 만에 집권했다. 전체 의석이 349석임을 감안하면 7석 차이는 선거가 박빙의 열전이었음을 실감케 한다.

문제는 우리 언론에서 언제나 외면 받아 온 스웨덴 총선 결과가 갑자기 대서특필되면서 비롯됐다. 전형적인 '부자신문' 중앙일보는 1면에 〈'노무현 정부 경제참고서' 스웨덴 복지모델 스웨덴에서 외면당했다〉고 큼직한 제목을 달았다. 같은 날 동아일보도 "'스웨덴 식 복지' 일단 멈춤, 유권자 '분배'보다 '성장' 선택……집권좌파 총선 패배"라고 보도했다. 조선일보도 "스웨덴, 일자리 못 만드는 무능 정부에 민심 등 돌려"라거나 "한계 드러낸 유럽식 '복지만능주의'"라고 편집했다.

이들은 스웨덴 총선의 '교훈'에 대해서도 과감하게 썼다. "복지와 분배만으론 이젠 안 된"단다. 시장과 경쟁의 경제 시스템이 필요하다고 힘을 준다.

그 논리의 표적은 이미 앞서 소개한 보도 사례들에서도 시사되고 있듯이 노무현 정권이다. 조선일보는 노무현 대통령이 스웨덴 모델에 상당한 애착을 보여왔다면서 "우리 정부 관계자들은 스웨덴 총선결과에 당혹스런 표정을 지으면서 공식적인 입장표명을 삼가고 있다"고 꼬집었다.

스웨덴 총선 결과에 대해 대다수 한국 언론이 보도한 '사실'은 두 가지로 간추려진다. 하나는 스웨덴 복지모델이 파탄을 맞았다는 것이다. 다른 하나는 스웨덴 모델을 추구해온 노무현 정권의 방향 설정이 잘못됐다는 것이다.

한국 언론이 보편적으로 전제한 두 가지 '사실'은 과연 사실일까? 찬찬히 톺아볼 필요가 있다.

첫째, '스웨덴 모델의 파탄' 보도부터 살펴보자. 스웨덴 복지 모델의 파산 주장은 여론시장을 독과점하고 있는 신문사들에서 일관되게 나타나고 있다. 가장 솔직한 주장은 스웨덴 모델을 "스웨덴 국민들이 들고 일어나 뒤엎어 버렸"다는 조선일보의 사설(〈성장 의지를 잃은 한국 경제의 오늘과 내일〉, 조선일보 9월 23일자)이다. 하지만 스웨덴의 자유당, 기민당, 중도당을 모두 연정의 주체로 끌어들여 집권에 성공한 온건당의 라인펠트 당수가 내건 주요 공약을 꼼꼼히 들춰 보면 사실과 다름을 확인할 수 있다.

온건당이 주장한 것은 복지모델의 폐기가 아니다. 미세 조정Fine Tunning이다. 단적인 예를 들어보자. "월평균 임금의 80퍼센트에 달하는 실업수당을 70퍼센트로 축소"하자는 공약을 어떻게 판단해야 옳은가. 실업자가 되면 곧 생존권을 위협받는 한국의 현실과 굳이 비교하지 않더라도 단숨에 확인할 수 있다. 스웨덴의 이른바 '우파'는 한국 사회에서 '좌파'와 다를 바 없음을. 가령 한국에서 실업자들에게 월평균 임금의 70퍼센트를 수당으로 지급해야 한다고 어떤 정치인이 주장한다면, 그 사람은 한국의 담론 구조에서 명백한 좌파다. 그런 주장을 내놓고 하는 정당은 물론이고, 언론사도 찾기 힘든 게 한국의 현실이다.

한국 언론의 보도는 다른 나라의 언론보도와 비교해보더라도 납득하기 어렵다. 결코 진보언론으로 분류할 수 없는 영국의 파이낸셜 타임스는 스웨덴 총선을 분석한 기사에서 스웨덴의 사민당이 선거에서 질 때마다 "스웨덴 모델이 운을 다했다"는 결론을 내리고 싶은 유혹이 존재하는 것이 사실이고 이번에도 예외는 아니지만, 그것은 잘못된 결론일 뿐이라고 보도했다. 이 신문은 총선에서 중도우파연합의 손을 들어준 스웨덴 인들 가운데 스웨덴 모델의 해체를 원하는 사람은 아무도 없다고 강조했다.

미국의 뉴욕타임스와 워싱턴포스트도 라인펠트가 스웨덴

모델의 미세 조정으로 고용을 늘리는 데 힘을 쏟겠다고 약속함으로써 승리할 수 있었다고 보도했다. 실제로 중도우파연합은 지난 2002년 선거에서 스웨덴 모델의 폐기를 시사했다가 15퍼센트 득표로 참패했던 교훈을 잊지 않았다. 2006년 선거에서 정책 방향을 선회해 스웨덴 모델을 "더 잘 작동하게 조정하겠다"고 공약함으로써 '정권 교체'를 이룰 수 있었다.

무엇보다 라인펠트 자신이 선거유세에서 "스웨덴 모델은 훌륭한 모델이다. 다만 각 개인에게 보다 많은 선택을 할 수 있도록 하는 것이 필요하다"고 밝혔다. 한국 언론은 온건당이 감세정책으로 승리했다고 들먹이지만, 감세의 대상은 최하 소득층에 한정된 게 진실이다.

흥미로운 사실은 조선일보가 스웨덴 모델을 "스웨덴 국민들이 들고 일어나 뒤엎어 버렸"다는 사설을 쓴 바로 그날 스톡홀름 현장을 취재한 기자가 쓴 기사는 전혀 다르다는 데 있다. 같은 날에 실린 〈스웨덴 복지모델, 한국에 그대로 적용하기 힘들 것〉이라는 제하의 기사는 스웨덴 웁살라Uppsala대학 정부정책학과의 토르스텐 스벤손 교수의 인터뷰를 담았다. 대학에서 '전환기 스웨덴 복지모델' 과목을 강의하고 있다는 스벤손 교수에게 기자가 묻는다.

"총선 결과는 '스웨덴 복지모델'의 종언을 의미하는가?"

"아니다. 우파연합이 이길 수 있었던 것은 '국가 복지체제'의 근간을 안 건드리겠다고 약속했기 때문이다. 차기 정권에서는 복지 시스템의 일부 수정만 이뤄질 것이다.”

“스웨덴 복지체제가 도덕적 해이를 낳았다는 지적이 있다.”

“그런 일면도 있다. 하지만 전체 구성원이 인간다운 삶을 영위할 수 있게 하는 ‘사회보험’ 시스템은 분명 의미가 있다.”

“고실업문제의 해법은 있는가?”

“차기 정권이 법인세를 줄여 실업문제를 해결하겠다고 하지만 솔직히 의문이다. 첨단 기업의 투자는 연구·개발이나 마케팅에 관한 것이지 ‘고용’과는 직결되지 않는다.”

이 기사가 전하는 진실은 사설의 주장과 확연히 다르다. 같은 신문, 같은 날에 실린 기사와 사설이 정반대인 모습은 아무래도 어색하다. 하지만 바로 이런 차이가 희망은 아닐까. 조선일보 내부에도 사실을 정확하게 보도하려는 기자가 있다는 반증이다. 그럼에도 그 ‘어색함’에서 희망만 읽을 수는 없다. 취재기자의 현장 취재기사를 무시한 사설이 버젓이 같은 날 실리는 것은 편집 과정의 경직성과 완고함을 그대로 입증하기 때문이다.

그렇다면 한국 언론이 전제한 두 번째 사실, 곧 스웨덴 모델을 추구한 노 정권의 방향 설정이 잘못됐다는 보도를 분석해보자. 무엇보다 문제는 과연 노 정권이 스웨덴 모델을 추구했는가에 있다. 한국 언론은 마치 노 정권이 스웨덴 모델을 추구해온 것으로 전제하고 있다.

물론 전혀 근거가 없는 것은 아니다. 노 대통령은 2005년

8월에 KBS에 출연해서, 세금 많이 걷고 복지지출도 높은 스웨덴이 '모범국가'라고 말한 바 있다. 노 대통령은 그 뒤에도 "스웨덴처럼 공공부문 일자리를 늘려야한다"거나 "스웨덴처럼 노사정 대타협을 해야 한다"고 밝히기도 했다. 권오규 부총리가 OECD(경제협력개발기구) 대사 시절이던 2006년 초에, 노 대통령 주문에 따라 스웨덴 모델을 분석하는 정책 보고서를 만들어 청와대에 보낸 것도 사실이다. 아울러 '비전 2030'으로 복지국가의 미래를 청사진으로 제시하기도 했다.

하지만 스웨덴을 모범국가라고 말했다고 해서 노 정권의 정책이 스웨덴 모델을 추구하는 것은 결코 아니다. 조선민주주의인민공화국의 김정일 위원장이 스웨덴 모델을 이상적으로 생각한다는 외신 보도를 읽고, 우리가 김 위원장의 정책 노선을 스웨덴 모델로 규정하지 않는 것과 같은 이치다.

노동운동에 적대적으로 대응해온 노 정권의 정책은 스웨덴 모델을 원천적으로 부정한다. 더구나 한미자유무역협정FTA을 집요하게 추진하는 '참여정부'의 모습은 스웨덴 모델과 얼마나 큰 차이가 있는가를 스스로 입증해준다.

그나마 다행인 것은 스웨덴 모델을 한국 사회와 비교하는 것 자체가 지닌 문제점을 몇몇 언론이 날카롭게 지적한 데 있다. 9월 20일자 한국일보는 〈스웨덴 복지모델 실패했나―한국은 '복지 빈곤'……'비교는 말 안 돼' 지적〉이란 제목의 기획기사에서 "한국은 복지의 빈곤이 경제성장과 사회 안전을 위협하는 상황이어서 스웨덴과 비교하는 것 자체가 무리"라고 보도했다. 이 신문이 지적했듯이 스웨덴과 한국의 복지 현실은 큰 차이가 있다. 정부 재정에서 사회복지 지출 비중을 보더라도 한국은 스웨덴(2003년 54퍼센트)의 절반(2005년 26.7퍼센트)도 안 된다. 국내총생산GDP 대비 공공부문 지출(2001년 기준)도 한국은 6.1퍼센트에 지나지 않지만 스웨덴은 28.9퍼센트다. 5배 가까운 차이가 난다.

한국일보는 이어 "복지에 관한 한 한국이 영양 부족이라면 스웨덴은 비만"이기에 "스웨덴이 과도한 '왼쪽'(복지과잉)에서 중도로 수정해야 할 처지라면, 한국은 오히려 복지를 국제 수준으로 끌어올려야"한다고 강조했다. 한겨레도 같은 날 8면 기사에서 "참여정부는 '복지병' 아닌 '복지부실'이 문제"라고 분석했다.

문제는 여론시장을 독과점한 언론사들의 여론몰이로 공론장의 쟁점이 엉뚱하게 형성되는 데 있다. 스웨덴 모델을 추구하는 노 정권을 비난하는 언론에 대해 정부여당은 자신들의 정책이 스웨덴 모델과 다르다는 '당연한 사실'을 새삼 주장하고 나섰다.

가령 열린우리당의 강봉균 정책위 의장은 스웨덴의 복지모델을 모방하자는 것이 아님을 분명히 밝히면서 "우리당은 당분간 세금을 늘려 복지를 확대하는 것에 반대한다"고 주장했다. 이어 "우리당이 무조건 유럽식 복지모델을 추구하기 위해 국민 부담을 늘리는 정당이라는 것은 오해"라고 강조했다. 장병완 기획예산처장관도 기자간담회를 열어 "스웨덴 식 복지모델은 고부담·고복지이지만 한국의 비전2030은 적정부담·적정복지를 지향한다"면서 "비전2030이 스웨덴 복지모델을 지향하고 있다는 견해에 대해 수긍하기 어렵다"고 밝혔다.

뒤틀린 논쟁은 결국 스웨덴의 복지모델을 제대로 이해하지도 못한 채 그것이 실패였다고 속단하는 데에 이르렀다. 스웨덴 선거를 둘러싼 공론장에서 오직 "복지는 시대착오적"이라는 여론몰이만 남는 것은 한국의 빈곤한 복지 현실을 더욱 빈곤의 수렁에 빠뜨릴 게 명백하다.

정부 당국자가 "비전2030에서 사회서비스 확충 등 복지지출(GDP 대비 공공사회지출) 비중을 2019년 15퍼센트로 미국 수준(2001년), 2030년에는 20.6퍼센트로 OECD 평균(2001년 21.2퍼센트) 수준의 목표를 설정"했을 뿐이라고 '해명'하는 모습은 언론이 공론장을 어떻게 비틀고 있는지 여실히 보여주는 희극적 사례다.

한국의 정치 지형에서 민주노동당과 비슷한 강령을 지닌 스웨덴 사민당은 지난 1930년대 후반부터 대부분의 기간을 집권해오면서 '복지사회 모델'을 뿌리 내렸다. 그런 사실들을 단 한 번도 제대로 보도조차 하지 않다가 총선 패배를 왜곡해 보도하고 논평하는 모습은 그냥 지나칠 수 없는 사회적 문제다.

진실을 왜곡하는 언론이 미디어 공론장을 지배하고 있는

사회에서 온전한 민주주의를 기대하기란, 굳이 자극적인 표현을 빌리면 쓰레기통에서 장미가 피어나기를 기다리는 격이 아닐까.

현실과 다른 허구를 진실처럼 보도하는 공론장에서 정작 우리 사회가 지향할 모델과 깊은 관련이 있는 한미자유무역협정 문제는 온전히 논의조차 이뤄지지 않고 있다. 스웨덴 모델을 둘러싸고 허황된 공방을 벌이는 언론과 노 정권은 정작 한미자유무역협정의 섣부른 체결에 전적으로 의기투합하고 있는 게 현실이다. 스웨덴 모델을 둘러싼 희극 또한 우리에게 예고하고 있는 것은 비극이다.

둘째는 '공정의 위기'다

이론으로 보는 공정의 위기

미디어 윤리에서 '공정公正' 또한 '진실' 못지않게 누구나 동의하는 개념이다. 물론 공정의 개념적 정의가 무엇인가를 엄밀하게 규정하자면 이론적 논쟁의 지점이 여러 갈래로 나타날 수 있다. 따라서 저널리즘 윤리로서 공정의 개념은 누구나 동의할 수 있는 사회적 합의 수준에서 접근할 필요가 있다.

국어사전적 의미에서 공정의 개념을 분석하는 이유가 여기에 있다. 공정fairness의 사전적 뜻은 '공평公平하고 올바름'이다. 여기서 '공평'은 갈등 당사자 양쪽의 의견을 균형 있게 반영한다는 의미를 지닌다. 공평impartiality이란 한자어나 영어 뜻 그대로 어느 한 쪽에 치우침이 없는 상황을 이른다.

그런데 공정의 사전 정의에는 공평에 더해 '올바름'이 있다. 올바름은 무엇이 옳은 것인가를 판단해야 하는 정正 또는 정의justice의 개념이다. 따라서 공정은 공평과 올바름을 아우르는 개념이다. 공평에 머물고 있는 보도나 논평을 소극적 공정으로, 공평에 더해 올바름까지 숙의한 보도나 논평을 적극적 공정으로 개념화할 수 있다.

문제는 무엇이 올바름인가에 있다. 올바름에 대해서는 여러 가지 정의가 가능하고 그만큼 합의가 쉽지 않을 것이다. 하지만 저널리즘 윤리로서 공정에 대해서는 언론 현장에서 오랫동안 내려온 전통과 '최소한의 합의'가 있다. '억강부약抑强扶弱'이 그것이다.

억강부약의 가치는 보수적인 관훈클럽이 낸 〈한국 언론의 좌표: 한국 언론 2000년 위원회 보고서〉에서도 다음과 같이 명확하게 강조하고 있다.

"언론의 공정성은 어떠한 편견이나 선입관 또는 잘못된 관점을 지녀서는 안 된다는 것을 의미하는 동시에 사회 소수계층의 의견을 대변하고 그들의 이익을 옹호해주어야 한다는 것을 뜻하기도 한다. 언론이 편견으로부터 자유로워야 한다는 것이 어떤 입장이나 의견에 대한 반대 입장이나 의견을 허

용해야 한다는 의미라면, 언론이 소수의 의견이나 이익을 대
변하고 옹호해야 한다는 것은 진정한 민주주의의 미덕이 소
수의 권리를 지속적으로 보장해주어야 한다는 데서 비롯되는
것이다."(184)

관훈클럽 보고서는 더 나아가 "특히 한국 언론은 중산층을
주된 소비자로 상정하고 있는 한편 언론인 자신들도 중산층
에 편입되어 있어 주로 중산층의 의견을 대변하고 그들의 이
익을 옹호"한다면서 "그 결과 자연스럽게 소수 계층의 의견과
이익은 구조적으로 배제"(185)되고 있다고 분석한다.

실제로 한국 저널리즘은 사회적 약자인 비정규직 노동자와
농민문제를 보도하는 데 전혀 공정하지 못하다. 2005년 11월
에 연이어 일어난 농민들의 자살과 집회 시위 중 타살 사건[19],
그리고 2006년 7월에 일어난 비정규직 노동자의 타살 사건[20]
에서 한국 저널리즘은 노사 사이의 소극적 공정성도 지키지
않았다. 생존권을 지키려고 집회와 시위에 나선 농민과 비정
규직 노동자가 대낮에 '공권력'에 의해 타살 당했는데도 사회
적 파장이 일어나지 않은 가장 큰 이유는 한국 저널리즘의 묵
인과 축소 보도에 가장 큰 원인이 있다. 농민과 비정규직 노동
자들 사이에서 한국 언론에 대한 격렬한 비판이 제기된 것도
이 때문이다.[21]

억강부약이 '최소한의 공정'이란 말은, 사회적 약자를 무조
건 옹호하는 것이 정의라는 뜻은 아니다. 권력이나 자본을 지

닌 사람들과 비교할 때, 커뮤니케이션권이 거의 없는 사회적 약자들에게 저널리즘이 관심을 갖는 것은 커뮤니케이션의 공평을 실현하는 최소한의 방법이라는 뜻이다.

문제는 노사관계나 경제문제와 관련된 저널리즘을 분석하는 데도 정파성의 잣대를 들이대는 데 있다. 한국 저널리즘은 다음과 같은 구호적 기호와 단순논리로 보도의 틀을 형성하고 있다.

노무현의 친노親勞정책 ➡ 노동운동의 과격화 방치 ➡ 해외투자자들의 불안 ➡ 한국경제의 경쟁력 약화

여기서 노무현 정부의 노동정책이 과연 '친노동'이냐는 전제부터 의문이 제기될 수 있다. 하지만 이 논문에서 그 문제를 다루는 것은 적절하지 않다. 중요한 지점은 한국 저널리즘의 노사관계 보도와 논평에서 사용자의 불법에는 외면하거나 축소하고, 노동자의 불법에는 '엄벌'을 촉구하는 사례가 새삼 소개할 필요가 없을 만큼 넘친다는 사실이다. 자본주의 경제체제에서 민주주의 발전에 가장 중요한 노사관계 사안을 다루는 데서 기계적 균형, 소극적 의미의 공평마저 지키지 못하고 있는 것이다.

아무런 선입견 없이 객관적으로 분석해보면, 한국 저널리즘은 억강부약이 아니라 오히려 '억약부강'에 가깝다. 언론계의

외면과 언론학계의 무심으로 억강부약이 공정성의 주요 가치라는 사실도 저널리즘 현장에서 '낯선 담론'이 되어가고 있다.

'성장이냐 분배냐'의 경제정책 중심을 놓고도 언론의 차이를 정파성의 문제로 환원하는 것은 문제가 있다. 경제협력개발기구OECD 기준으로 볼 때, 한국은 GDP의 8.3퍼센트(2000년)를 사회복지에 지출한 데 비해 다른 국가들의 평균은 23.4퍼센트에 이른다. 강명구(2005)는 "이런 복지 수준에서, 거기에 기초한 사회안전망의 수준에서, 성장이냐 분배냐를 대립적으로 따지는 것은 의미가 없다"고 분석한다.

복지가 성장을 가로막고 있다는 명제도 복지지출이 미약한 수준일 때는 논의의 방식과 내용이 달라야 한다는 논리다. 진실의 가치를 논의할 때도 확인했지만, 보수와 진보 또는 정파성의 문제 이전에 공정의 가치라는 기본윤리의 문제가 재삼 강조되어야 한다.

공정성에서 사회적 약자에 대한 문제의식은 미국 사회에서도 진지하게 제기되고 있다. 커닝험Cunningham, Brent(2005)은 미국의 신화에 젖어있는 주류언론을 비판한 뒤 '편집국 밖의 저널리즘'을 강조한다. 그는 주류언론의 편집국이 너무나 자족감에 젖어 있다면서 핵심은 비주류들과 함께 하고 분산된 '점'들을 잇는 것이라고 제안한다. '언저리에 있는 사람들과 함께하기Working the Fringe'를 대안으로 제시하는 것도 주목할 만하다.

물론 진실과 공정의 가치는 구분될 수 없을 만큼 밀접하게 연관된 가치다. 그만큼 저널리즘의 기본윤리라고 할 수 있다. '세계적 고급지'로 불리는 워싱턴포스트가 취재 보도에서 공정성을 실천하기 위해 제시한 항목을 보면, 그것이 진실과 이어져있음을 발견할 수 있다(김지운, 2004: 176~177).

- 기사는 상당히 중요하고 상당한 의의를 지닌 사실들을 빠뜨리면 공정하지 않다.
- 기사는 의의 있는 사실들을 제치고 본질적으로 연관성이 없는 정보를 포함하면 공정하지 않다.
- 기사는 의식적이든 무의식적이든 수용자들 오도하거나 심지어 속이면 공정하지 않다.

메릴Merrill, John이 언론보도의 윤리를 TUFF로 공식화한 것도 같은 맥락이다. 진실 되고Truthful 편향되지 않고Unbiased 정보를 충분히Full 제공하고 공정Fair해야 한다는 것이다(175~176). 그 공식을 한국 저널리즘의 구체적 보도에 들이댈 때 어떤 결과가 나타날지는 앞서 든 보도사례들의 분석만으로도 충분하다.

실제로 한국언론재단(2004)의 수용자 의식조사 결과를 보면, 한국 언론의 공정성에 대한 평가는 신뢰성에 대한 평가보다 더욱 낮았다. 언론이 공정하다는 응답은 12.0퍼센트로, 2년 전인 2002년(20.6퍼센트)에 비해 절반가량 낮아졌다. 공정하지

	매우 공정하다	대체로 공정하다	보통이다	별로 공정하지 않다	전혀 공정하지 않다
2004년	0.1	11.9	41.3	44.7	2.0
2002년	0.4	20.2	27.4	47.0	5.0

*출처 : 한국언론재단(2004), 수용자 의식조사

않다는 응답은 46.7퍼센트에 이르렀다. 이는 수용자의 10명 중 1명만이 언론이 공정하다고 여긴다는 뜻이다.

언론광장(2004)이 현직 언론인들을 대상으로 한 설문조사에서도 "한국 언론이 사회적 약자의 목소리를 제대로 대변하는가"라는 물음에 "대변하고 있다"는 대답은 34.4퍼센트였고, 64.2퍼센트가 "대변하고 있지 않다"고 대답했다.

특히 언론이 사회적 약자를 대변하지 못하고 있다는 응답을 간부급(53.3퍼센트)보다 평기자(68.1퍼센트)가 더 많이 했다는 사실도 눈여겨볼 대목이다.

내용으로 보는 위기 : '사회적 약자' 몰아치는 저널리즘

〈불법시위 관대한 법원, 누가 법치 세우나〉 2006년 12월 14일자 중앙일보의 사설 제목이다. 검찰이 한미 FTA 반대 집회에서 폭력을 행사했다는 혐의로 구속영장을 청구한 7명에 대해 법원이 영장을 모두 기각한 사실을 비판한 사설이다.

동아일보도 사설 〈사법부가 엄정해야 시위문화 바꿀 수 있다〉를 내보냈다. "법질서를 파괴하는 사람들은 공동체 구성원의 자격이 없다"고 못 박고 "그런 점에서 법원의 이번 영장 기각은 우리 사회에 잘못된 메시지를 보내는 것 같아 걱정스럽다"고 개탄했다.

두 신문의 사설에 따르면, 대한민국의 법치주의는 위기를 맞고 있다. "공동체 구성원의 자격이 없는" 사람들이 "법질서를 파괴"하는데도 되레 법원이 '관대'하다면 언론이 '걱정' 하고 개탄하는 것도 당연한 일이다. 더구나 조선일보 11월 23일 자에는 〈2006년 11월 22일 대한민국 정부는 없었다〉는 사설 제목까지 등장했다. "정부가 없었다"는 주장은 얼마나 큰 사건인가.

그래서다. 되짚어볼 필요가 있다. 과연 그러한가. 두루 알다시피 한국의 사법부는 그리 개혁적이지 않다. 그럼에도 법원이 검찰의 구속영장 청구를 기각한 데에는 그만한 이유가 있을 게 틀림없다. 먼저 영장이 청구된 사람들이 어떤 일로 경찰에 붙잡혔는지 톺아보자.

2006년 11월 22일과 29일, 12월 6일 세 차례에 걸쳐 대한민국에선 '노동기본권 쟁취 사회양극화 해소 한미 FTA 저지 범국민총궐기대회'라는 긴 이름의 집회와 시위가 있었다. 전국 각 지역에서 동시다발로 진행된 집회의 목적은 대회를 조직한 쪽에서 발표한 결의문에 명확하게 제시되어 있다. 하지만 11월 23일자 조간신문에서 결의문은 물론 집회의 목적이나 이유를 찾아보기란 쉬운 일이 아니다. 독자의 눈을 사로잡는 것은 '범국민총궐기대회'의 폭력성과 불법성이다.

조선일보의 신문 표제들을 보자. 〈7개 시·도청 습격……현 정부 최악시위〉에 이어 〈반FTA·민노총·전교조 연쇄집회 7만 4000여 명 참가……도심체증 극심〉 〈충남도청 담장 뜯어내고 화단 불태워〉 〈언제까지 이런 시위 참아야 하나〉 〈시민들 소음·교통체증에 오후 내내 큰 불편〉 〈과격 폭력시위 섬뜩……80년대로 돌아간 듯〉이라는 제목들이 펼쳐진다.

동아일보 표제도 〈방화…… 폭력…… 전국 불법시위 얼룩〉 〈광주시청 불깡통-각목 '습격'……전의경 방패 불태워〉였다. 같은 날 사설은 아예 '11·22 폭동시위'로 못 박았다.

여기서 그치지 않는다. 조선일보와 동아일보는 불길에 휩싸여 있는 시위 현장의 컬러 사진을 1면에 실었다. 조선일보의 1면 사진은 가로 25.7cm, 세로 14.5cm에 이르렀다. 중앙일보 표제도 〈깨지고……불타고……다치고……아수라장〉 〈광주시청 청사 유리창 300여 장 와장창〉 〈시위대에 갇힌 택시기사 항의하자 집단폭행〉들이다. 〈대규모 집단 시위로 폭격당한 전국 도심〉이라는 자극적인 사설 제목도 눈에 띈다.

물론 언론이 집중 부각한 집회의 폭력성이 사실을 조작한 것은 아니다. 11월 22일 집회에서 폭력사태가 빚어진 것은 부분적이지만 명백한 사실이다. 담장이 무너진 것도 가로수가 불탄 것도 사실이다. 하지만 부분적 사실보도가 곧 보도의 진실성을 담보하는 것은 아니다. 그 누구도 아무런 이유 없이 울

타리를 부수고 가로수를 태우지 않는다. 그런 탈법과 불법 행위가 일어나는 데엔 원인이 있을 수밖에 없다.

서울을 비롯한 전국 13개 도시에서 노동자, 농민, 빈민들이 거리로 나선 까닭은 집회의 이름 그대로 노동기본권 쟁취와 사회양극화 해소, 한미 FTA 저지에 있었다. 언론이 주장한 이른바 '폭동 시위'는 서울이 아닌 다른 지역에서 일어났다. 그 이유도 명확하다. 한미 FTA 추진이나 농산물 개방으로 생존권에 근본적 위협을 느끼는 사람들이 바로 농민들이기 때문이다.

일부 지역신문이 〈'50년 농사 이제 무용지물' 농민의 피맺힌 절규〉와 〈'한미 FTA 협상 중단하라' 드높은 함성〉(전북일보)으로, 〈FTA 협상 중단 안 되면 제주농업 붕괴〉(제주일보)와 같은 표제로 보도한 것도 같은 맥락이다.

하지만 서울 지역을 중심으로 한 대다수 언론은 22일 집회를 폭력 시위로 규정하고 교통체증을 집중 부각해 '시민들의 불편'만 강조했다. 이어 시민들이 언제까지 참아야 하느냐고 따진 뒤 〈정부의 물대응이 무법천지 불렀다〉(중앙일보 11월 24일 사설)고 분개했다.

정부는 '물대응'을 비판받은 바로 그날, 담화문을 통해 공식적으로 "불법 총파업과 한미 FTA 반대를 위한 불법집단행동 계획을 즉각 철회할 것을 촉구"했다. 언론의 대대적 여론몰이를 등에 업고 범국민 총궐기집회를 '시대착오적 불법폭

력시위'로 규정해 '원천 불허'와 함께 '무관용Zero Tolerance 원
칙'을 천명했다. '불법 폭력 집단행위'에 대해서는 주동자뿐
아니라 적극 가담자, 배후 조종자까지 밝혀내 엄벌하겠다고
시퍼런 서슬을 드러냈다.

　실제로 경찰은 곧장 행동에 들어갔다. "폭력시위가 사전에
기획되었는지" 여부를 조사한다며, 전국 9개 지역 시민사회
단체 사무실에 압수수색을 강행했다. 경찰은 또 신고된 서울
광장, 서울역광장 등 서울 시내 6곳의 집회를 모두 금지하고,
평화집회에 대한 확실한 보증 없이는 불허한다고 강조했다.
집회를 강행할 때, 지역별 출발지 곳곳에 경찰력을 배치해 상
경 시위 자체를 막을 것이며, 검거전담 부대를 운영해 불법 시
위자를 현행범으로 체포하겠다고 으름장을 놓았다.

　언론과 권력의 십자 포화를 받은 범국민총궐기대회 집행부
는 11월 29일의 2차 대회를 하루 앞두고 기자회견을 통해 '평
화적 집회'를 다짐했다. 그럼에도 경찰은 '한미 FTA 반대시위
전면 불허' '지방의 집회 참가자들의 서울 진입 봉쇄' 방침에서
물러서지 않았다. 헌법에 보장된 기본권을 정면으로 유린하는
경찰의 과잉 대응에 한국 언론은 모르쇠 했다.

　실제로 11월 29일의 2차 대회는 별다른 충돌 없이 끝났는데
도 언론은 '기습시위'와 '도로점거' '교통정체 극심'을 부각해
보도했다. "경찰에 막히자 1500여 명 또 도로 점거 / 도심 교
통정체 극심……상경시위는 대부분 봉쇄"(조선일보) "서울 도

심 곳곳 게릴라 시위 / 시청 앞 집회 경찰에 막히자 을지로 기습 점거"(중앙일보)들이 대표적이다.

문제는 정작 교통체증이 심했던 가장 큰 원인이 경찰에 있었다는 점이다. 사전신고했던 집회를 경찰이 모두 불허하고 봉쇄함으로써 자연스럽게 집회가 도심 곳곳에서 불규칙적(게릴라 시위)으로 벌어질 수밖에 없었다.

여기서 11월 27일에 문화연대, 미디어기독연대, 언론개혁시민연대, 인권단체연석회의, 전국언론노동조합, 한국기자협회, 한국여성민우회 미디어운동본부, 한국방송프로듀서연합회가 공동 주최한 '집회보도에 대한 언론 규탄 기자회견'에 주목할 필요가 있다. 언론노조, 기자협회, 방송프로듀서연합회가 상징하듯이 언론현장의 기자와 프로듀서 단체가 참여한 기자회견의 제목은 "집회의 자유를 억압하고, 민중을 '폭도'로 낙인찍는 언론은 필요 없다"이다.

대다수 한국 언론이 보도조차 하지 않은 이날 기자회견문은 한국 언론의 보도를 비판하면서 프랑스 언론의 집회보도를 다음과 같이 소개했다.

"집회는 사회적 이슈를 거론하는 대중의 집합적 목소리다. 프랑스에서 집회에 대한 언론보도의 기사구성은 크게 세 가지로 분석된다. 첫째, 집회에 대한 통계적 집계. 즉 언제, 어디서, 몇 명의 사람들이 모였는가(경찰 추산 참가자 수, 집회 주최측 참가자 수를 항상 비교한다). 둘째, 사람들이 집회를 조직한 이유에 주목한다. 즉 어떤 사회적 이슈를 위해 모였고, 이 문제의 현황은 무엇인가 분석한다. 셋째, 집회의 이유가 된 사회적 이슈를 적절히 설명할 수 있는 관련자를 만나 인터뷰한다. 적절한 단어와 용어인지 재차 확인한다.”

앞서 살펴보았듯이, 언론현업인 단체들의 규탄성명 뒤에도, 언론보도의 문제점은 전혀 나아지지 않았다. 자연스럽게 보도의 방향을 책임지고 있는 간부들에게 문제가 있다고 볼 수 있을 것이다. 하지만 우리는 언론사 간부들의 모임인 관훈클럽(2000)이 낸 보고서도 언론의 공정성에서 사회적 약자를 대변해야 한다고 강조했음을 이미 확인했다.

실제로 한국 저널리즘은 사회적 약자인 비정규직 노동자와 농민문제를 보도하는 데 전혀 공정하지 못해왔다. 2005년 11월에 연이어 일어난 농민들의 자살과 집회 시위 중 타살 사건, 2006년 7월에 일어난 비정규직 노동자의 타살 사건이 그 사례들이다.

보수적 단체인 관훈클럽조차 공정보도의 구체적 원칙으로 제안하는 억강부약과 달리 한국 저널리즘이 되레 억약부강의 모습을 보이고 있는 것은, 우리 언론에 비정규직 노동자와 농민, 도시빈민들인 사회적 약자들이 어느새 “국민과 헌법을 조롱하는 폭동시위세력”(동아일보 11월 29일 사설)으로 보도되는 데서 확인할 수 있다.

더러는 범국민총궐기대회의 지도부와 노동자-농민들을 구

분해야 한다고 주장한다. 하지만 아니다. 노동자와 농민을 대표하는 민주적이고 전국적 조직이 주도적으로 참여한 게 바로 범국민총궐기대회다. 더구나 그들이 제시한 집회 이유는 노동자와 농민, 빈민들의 삶에 아주 절박한 쟁점들이자 우리 사회가 주요하게 다뤄야 할 의제였다. 그럼에도 한국의 '미디어 공론장'은 이를 모르쇠 해왔고 결국 폭발적 분출로 나타나게 되었다.

갈수록 벌어지는 사회양극화와 그것을 가속화 할 한미 FTA의 졸속 추진으로 생존권의 위협을 받는 노동자, 농민, 도시빈민의 목소리가 전혀 사회적 울림이 없는 것은 공론장을 장악하고 있는 언론에 일차적 책임이 있다. 엄밀하게 말해서, 불법 폭력 과격시위의 책임이 언론에 있다는 뜻이다. 그럼에도 폭력적 분출에 대해 폭도나 폭동 따위로 살천스레 몰아치는 한국 언론이 불러올 것은 더 큰 폭력적 분출일 수밖에 없다.

앞서 소개한 중앙일보 사설 〈불법시위 관대한 법원, 누가 법치 세우나〉는 영장청구가 기각된 사람들을 "한마디로 현행범들"이고 "집시법 위반 등의 전과가 있다"면서 "불구속 수사는 형사소송법의 원칙"이지만 "우리의 법 현실과는 거리가 있다"고 말했다. 법 현실을 든 중앙일보는 "재범 우려가 있는 흉악범의 경우 사회와 격리시킬 필요가 있고, 피의자의 인권뿐 아니라 범죄로 인한 피해자의 인권도 보호해야 하기 때문"이라고 썼다.

짐짓 엄숙하게 '법의 현실'을 들먹이기에 앞서 이 땅에서 살아가는 사회적 약자들이 미디어 공론장에서 소외되고 있는 불공정한 '언론의 현실'을 직시할 때다.

PART 02

미디어 공공성 살리기

백가쟁명은 여전히 중구난방이며,

대중선동만 난무하고 공론은 없다. 저마다의

잇속에 따라 춤을 추느라 언론言論은 이미 언로言路의 적이다.

언론이 비로소 다시 언론이기 위해서는 '관행'과

'현실'로 찌든 틀을 부수고 '진실'과 '공정'으로

새 틀을 짜야 한다. 언론이 살아야

건강한 세상이 열린다.

MEDIA 言論

민중 그리고 민족위기의 공론장

우리는 앞 장에서 한국 언론이 진실과 공정이라는 기본의
무까지 소홀히 하고 있음을 이론적 분석에 이어 구체적 내용
분석으로 조목조목 살펴보았다. 따라서 한국 언론의 개혁담
론을 정쟁의 차원으로 제기하는 것은 현실과 동떨어졌을 뿐
아니라, 개혁에도 걸림돌이 될 수밖에 없다. 언론개혁, 미디어
개혁을 바라보는 틀frame[22]을 바꿔야 할 이유가 여기에 있다.
틀은 조지 레이코프Lakoff, George(2004)가 대중적 저서에서 정
리했듯이 "우리가 세상을 바라보는 방식을 형성하는 정신적
구조물이다."[23]

정파성의 수렁에 매몰된 미디어 개혁 논의를 활성화하려

면, 저널리즘의 존재원칙마저 지키지 않고 있는 미디어를 개혁하기 위한 새로운 틀이 필요하다. 여기서 한 가지 의문을 제기할 수 있다. 한국 언론은 왜 기본적인 존재원칙마저 부정하는 보도행위를 서슴지 않을까? 그런 보도행위가 서슴지 않고 오랫동안 자행되는 데에는 구조적 문제점이 있지 않을까?

한국 미디어 공론장의 성격과 구조를 정확히 파악해야 미디어 개혁을 인식하는 틀을 새롭게 재구성할 수 있다. 새삼스런 명제지만 현실을 정확하게 인식할 때, 대안이 그만큼 정확하다. 현실의 문제점을 총체적으로 드러낼 수 있을 때 문제는 자연스럽게 해결된다는 점에서, 현실의 천착은 곧 대안을 세우는 과정이다.

미디어 공론장의 구조적 인식의 중요성은 진실과 공정의 존재원칙이라는 논리적 문제에서만 비롯하는 게 아니다. 공론장에서 발견되는 논리적·이론적 위기는 당대를 살아가는 사회구성원들의 구체적 삶의 위기로 직결되는 데 문제의 핵심이 있다.

실제로 2007년 현재 한국 사회에서 살아가는 민중의 삶은 위기를 맞고 있고, 남과 북으로 갈라진 민족의 위기가 겹쳐 있기에 공론장의 문제점은 더 심각할 수밖에 없다. 한국의 미디어 공론장에서 민중위기와 민족위기가 구조적으로 어떻게 나타나고 있는가를 분석해보는 이유도 여기에 있다.

민중위기의 공론장

새삼 말할 나위 없이 한국 사회의 구성원들이 살아가는 물적 토대는 경제다. 경제가 위기에 들어설 때, 민중의 삶이 더 힘들어질 것은 당연한 일이다. 경제위기에 대해 언론이 풍부한 정보를 제공하고 대책을 숙의해나가는 것은 미디어 공론장으로서 당연한 의무다.

한국 언론은 노무현 정권 5년 동안 내내 '경제위기'를 미디어 공론장에서 부각해왔다. 그 결과다. 어느새 경제위기론은 공론장의 보편적 담론이 되어 있다. 실제로 비정규직 노동자들이 급증하고 농민이 벼랑끝으로 몰리고 있으며 도시빈민이 광범위하게 형성되고 있다. 게다가 중산층마저 무너지는 상황에서 경제위기론은 호소력이 있을 수밖에 없다.

문제는 언론의 경제위기에 대한 의제 설정이 대부분 경제성장론으로 귀결되는 데 있다. 미디어 공론장에서 경제성장론을 일방적으로 부각하면 그것은 그대로 사회구성원의 현실인식으로 이어진다. 대다수 언론사들이 2007년을 맞아 1월 1일자에 보도한 여론조사를 보더라도, 국민 세 명 가운데 두 명꼴로 대선에서 '경제성장 능력을 갖춘 지도자'에 표를 주겠다고 답했다.

하지만 냉철히 물어볼 필요가 있다. 과연 경제성장이 고통받고 있는 비정규직 노동자와 농민, 빈민들의 삶을 나아지게 해줄까?

단연코 아니다. 경제성장 수치로만 따진다면, 노무현 정권의 실적도 결코 무시할 수 없다. 수출은 2003년부터 2006년까지 연속 두 자리 수 증가를 기록했다. 수출 3000억 달러 시대를 넘어섰다. 환율의 효과가 작용했지만 2007년에는 1인당 국민소득 2만 달러도 이룰 전망이다. 하지만 수출 3000억 달러나 국민소득 2만 달러가 공허하게 들리는 게 엄연한 현실이다.

왜 그럴까? 경제성장이 몇몇 대기업 중심으로 이뤄졌기 때문이다. 경제성장이 국민경제의 내적 연관 없이 수출 중심의 대기업 중심으로 이루어지고, 노사 사이에 힘의 균형도 사(社)쪽으로 치우쳐 있기에 부익부 빈익빈의 양극화가 심화되고 있다. 대기업의 수출 경제는 전혀 위기가 아닌 가운데 노동자, 농민, 빈민들의 삶은 위기를 맞고 있는 게 경제위기의 핵심이다.

따라서 문제는 '경제성장'이 아니라 '어떤 경제성장'인가에 있다. 뭉뚱그려 '경제위기'가 아니라 '누구의 경제위기인가'를 물어야 옳은 것이다.

그런데도 한국 언론은 시종일관 경제위기와 함께 경제성장을 부각해왔고, 때로는 대표적인 수출기업마저 마구 흔드는 자가당착을 서슴지 않는 데 문제의 심각성이 있다. 가령 2007년 1월 19일자 동아일보는 수입한 외제 자동차의 시장점유율이 2006년 4퍼센트에 이어 2007년에 5퍼센트를 돌파할 전망이라면서 다음과 같은 사설을 내보냈다.

"몇 년 전까지도 대다수 국민은 국산차를 사줘야 국내 일자리가 늘어나고 부가가치가 나라 안에 남는다는 애국심 하나로 수입차를 외면했다. 하지만 언제부턴가 현대차 노조의 끝없는 파업과 이에 무원칙하게 대응하는 사측을 보면서 생각이 흔들리기 시작했다.……자동차는 2만여 개 부품을 조립하는 제품이다. 노사분규가 잦으면 노동자들의 근로자세가 해이해지기 십상이다. 노조가 20년 동안 거의 거르지 않고 연평균 한 달꼴로 파업을 벌였으니 소비자들이 그런 현대차를 불신하지 않는다면 그게 오히려 이상할 정도다.”

이 사설의 제목은 “무슨 차를 사지?”다. 다분히 자극적이고 선동적이다. 사설은 “현대자동차 노사의 행태가 수입차 구입을 망설이던 고급차 수요층의 마지막 심리적 걸림돌을 제거할 것 같다”고 썼다.

중앙일보의 고위 간부가 쓴 칼럼 제목은 숫제 “한국 자동차가 망하는 날”이다. 2007년 1월 17일자 ‘이장규 칼럼’은 “일본의 자동차 관계자들은 이번에야말로 한국의 자동차산업이 진짜 고꾸라질 것으로 확신하고 있다” 면서 “한국 자동차는 망하는 코스를 질주하고 있다” 는 게 일본 전문가들의 시각이라고 전한다. 이어 다음과 같이 쓴다.

“굳이 일본 전문가의 관측을 빌리지 않더라도 우리 스스로 현대자동차의 미래를 진작부터 걱정해 왔다. 한국 차가 일제차보다도 비싸지고, 국내 시장조차 중국 차, 인도 차가 쏟아져 들어오는 날에는 무슨 수로 견뎌낼 수 있겠나. 목숨 걸고 매달

려도 신통찮을 판에 걸핏하면 파업이나 해대는 회사의 미래가 어찌 되리라는 것은 너무도 뻔하다. 미국의 최고 자동차회사들이 왜 저 지경이 됐고, 독일 자동차회사가 어떤 식의 구조조정을 하고 있으며, 심지어 세계를 주름잡는 일본의 도요타조차 허리띠 졸라매고 얼마나 애를 쓰는지가 연일 신문에, 방송에 귀가 따갑도록 보도되고 있는 판인데, 유독 한국만 갈등과 투쟁으로 점철하고 있으니 덧붙일 이야기도 없는 형편이다."

이들이 한국 경제의 견인차 가운데 하나인 현대자동차에 저주에 가까운 독설을 공론장에 내놓은 이유는 다른 데 있지 않다. 노사관계 때문이다.

"올해는 아예 신년 벽두부터 찬반투표도 없이 파업을 결의했다. 또 불법 파업이다. 일하지 않고 월급을 받는 500여 명의 노동 귀족과 노조 주변을 맴도는 2000여 명의 '활동가'들이 노조를 투쟁 일변도로 끌고 간다.……철저히 정치화된 노조가 현대차를 벼랑 끝으로 밀어붙이는 모습을 세계가 지켜보고 있다."

2007년 1월 15일자 동아일보 사설 〈분규 없는 조선 3강, 상습파업 현대차 노조〉의 주장이다. 중앙일보도 같은 날 사설 〈박종철 20주기에 돌아보는 민주화와 386〉에서 "87년 민주화투쟁으로 개화한 노조운동은 20년이 된 지금도 현대차 파업에서 보듯 유아기적 떼쓰기로 산업현장을 뒤흔들고 있다"고 썼다.

하지만 가장 자극적인 사설은 아무래도 조선일보 몫이다. 1월 13일자 사설은 〈현대차를 낭떠러지로 미는 '참 나쁜' 노조〉다. 사설은 현대자동차 노조가 2006년에 "12번의 노조 파업으로 1조 6000억 원의 생산 차질을 빚었다"고 '단죄' 했다. 이어 다음과 같이 썼다.

"현 노조 집행부는 지난해 말 납품비리로 검찰 수사를 받았다. 그래서 분위기를 바꾸기 위해 성과금을 핑계로 강경투쟁을 밀어붙이고 있다고 한다."

간접인용 형식으로 확인되지 않은 추측까지 서슴지 않고 있다. 결국 "자기들 이권을 지키려고 5만 명 현대차 가족과 53만 협력회사 가족까지 천 길 낭떠러지로 몰아"간다는 일방적 비난을 논거로 "참 나쁜 노조"라고 못 박는다.

중앙일보는 같은 날 '뉴스 분석' 기사 〈노조, 왜 파업 강행하나〉에서는 "현대차 노조가 상당수 노조원과 울산 시민들의 반발에도 불구하고 파업을 결의한 것은 다음 달 치를 선거에서 우위를 차지하려는 치밀한 계산이 깔려 있는 것으로 노조 안팎에서는 보고 있다"고 썼다. 간접인용 방식으로 역시 확인되지 않은 일방적 주장을 기사화한 것이다.

"노조 관계자들은 간부의 납품 비리로 도덕적 상처를 입어 불명예 퇴진을 앞두고 있는 박유기 현 노조위원장 등 집행부가 성과금 문제가 불거지자 금속노조로 자리를 옮기기 위한 호기로 삼고 뭔가 성과를 내기 위해 사태를 강경 투쟁으로 이

끌고 있다고 분석하고 있다”는 ‘분석 기사’도 마찬가지다.[24]

과연 그러한가. 현대자동차 노조는 과연 “(노조위원장) 선거에서 우위를 차지하려는 치밀한 계산”으로 파업을 벌였을까. 물론 그런 개연성이 전혀 없다고 누구도 장담할 수는 없을 터이다. 하지만 언론보도의 기초는 정확한 사실 확인이다. 예단과 추측으로 기사를 쓸 수는 없는 일이다. 분석 기사 또한 예외는 아니다. 일방적 여론몰이가 지배적이지만 파업이 일어나는 과정의 사실 관계부터 냉철하게 짚어볼 필요가 있다.

2006년 12월 28일에 현대자동차 윤여철 사장은 노동조합을 방문해 “정치파업으로 2006년 하반기에 수정된 생산목표를 98퍼센트밖에 달성하지 못했으니 성과급 150퍼센트 중 100퍼센트만 지급하겠다”고 통보했다. 이어 김동진 그룹 부회장은 기자 간담회를 통해 “비상 경영과 임금 동결을 해야 하는 상황”이라고 강조했다.

하지만 경영진의 일방적 통보는 노조로선 받아들이기 어려운 사안이었다. 지난 10년 가까이 생산목표 달성과 성과급을 연동하지 않고 지급해왔기 때문이다. 현대자동차 노조는 “2000년 이후 사측이 제시한 생산목표를 달성한 해가 없으며 목표 달성 여부와 관계없이 성과급은 지급되었다”고 밝혔다.

문제는 여기서 그치지 않는다. 신년 연휴 직전에 미지급을 통보한 사실에 더하여, 노사 충돌이 예상됨에도 시무식을 강행한 사실에 주목할 필요가 있다. 따라서 언론이 추측성 분석까지 서슴지 않으려면, 노조의 파업 의도 못지않게 경영진의 의도 또한 분석해야 최소한의 형평성을 갖출 수 있다.

이를테면 김창한 금속노조 위원장이 "산별노조 결성에 따른 노동자들의 연대와 단결이 두려운 나머지 도발한 것이 현대자동차 성과급 미지급"이라고 주장한 것도 얼마든지 '치밀한 분석'이라고 기사화할 수 있지 않은가. 여기서 '최소한의 형평성'이라 전제한 뜻은 다른 데 있지 않다. 사태를 먼저 촉발시킨 것은 명백히 경영진이기 때문이다.

찬찬히 톺아보자. 해마다 성과와 관계없이 노사 사이에 합의했던 성과급을 갑자기 깎겠다고 통보했을 때, 노조 집행부는 어떻게 해야 옳은가. 노조 차원에서 아무런 대응이 없을 때, 과연 그 노조는 온당한 것일까. 아니다. 그 노조는 어용노조일 수밖에 없다.

그렇다면 왜 현대자동차 경영진은 노조의 격렬한 반발이 예상되는데도 성과급을 깎겠다고 통보한 것일까? 노조 쪽에서 경영진이 이번 사태를 의도적으로 조장한 측면이 있다고 비판하는 이유다. 경영진은 합의 파기를 통해 집행부 교체 시기에 타격을 가할 수 있다고 판단했고, 사회적으로 민주노총에 대한 여론이 좋지 않다는 점도 고려됐다는 분석이다.[25]

결국 2007년 1월 3일 시무식에서 노조와 사측이 충돌하는 사태가 일어났다. 노조가 소화기를 뿌리며 항의하면서 시무식은 중단됐다. 다음날 동아일보는 1면에 소화기가 뿌려진 시무식장 풍경을 사진으로 부각해 편집했고 "새해 첫 출근 재 뿌린 노조"라는 표제를 달았다.

방송과 인터넷을 통해 소화기 분말로 얼룩진 시무식장이 퍼져가면서 5일자 신문들은 노조를 집중 비난하고 나섰다. 조선일보 사설 〈현대자동차 노조가 던지는 불길한 예감〉은 "새해 첫 출근 날부터 노조가 이런 행패를 부린 것은 연말 성과급이 적다는 이유였다"고 '행패'로 단언한 뒤 "이런 눈 먼 노조는 회사를 무덤으로 끌고 간다"고 극언을 퍼부었다.

이어 "현대차 노조가 어느 겨울날 수만 명의 동료 근로자와 그 가족 그리고 수십만 명의 협력업체 근로자와 그 가족들을 찬바람 속에 길거리로 내몰고 말리라는 불길한 예감"을 늘어 놓았다. 같은 날 동아일보도 사설 〈일할 시간에 파업하고 성과급 강요하는 노조〉에서 '난동'이라고 몰아세웠다.

자극적인 사설은 여기서 머물지 않는다. 조선일보 1월 8일자 사설은 〈현대차, 노사원칙 무너뜨리면 회사가 죽는다〉이다. 현대자동차 경영진에게 강경대응을 부추기는 선동이다.

언론의 편향된 보도는 민주노총 울산본부가 8일 마련한 중재안에 대해서도 고스란히 나타났다. 중재안은 현대자동차 경영진에 미지급 성과급을 지급하고 "회사는 원인 제공자로서 이번 사태로 인한 고소고발과 손해배상청구 등을 취하하는 책임 있는 자세를 보이라"고 요구했다. 또 노조에도 "시무식 충돌로 발생한 행동을 국민들에게 사과"하라고 요구했다.

하지만 대다수 언론은 민주노총이 이례적으로 노조에 사과하라고 제안했다며 특정 대목만 부각해 기사화하고 편집했다. 특히 동아일보는 3면에서 〈현대차 작업복이 부끄럽지 않은가〉라는 기사를 내보내고 "같은 식구인 민주노총에서도 비판을 받을 정도이니……"라며 '울산 시민'의 반응을 소개했다.

미디어 공론장의 일방적 여론몰이에 권력은 '화답'했다. 경찰은 1월 15일 "폭력사태를 주도한 박유기 위원장 등 2명에 대해 사전구속영장을 신청"키로 했으며, 시무식장에서 '직접 폭력'을 행사한 4명에 대해 법원에서 체포영장을 발부받아 검거에 나서겠다고 밝혔다.

다음날인 동아일보 사설은 〈현대차 노조 상습 파업, 국가 차원에서 끊어 내야〉다. 사설은 "그동안 현대차는 당연한 일을 회피해 '빨간 조끼'가 지배하는 노조 세상을 만들어 놓았다"며 "이번에 현대차가 국가 경제를 멍들게 해온 '안하무인 노조'에 대해 형사고발에 이어 가처분 신청을 낸 것은 용기 있는 결단"이라고 강조했다.

일방적으로 사용자 편을 든 언론들로서는 완벽한 매듭이라고 자부할 만하다. 언론의 주문대로 한다면 그 결과는 무엇일까. 한국 노사관계의 파국일 수밖에 없다.

기실 현대자동차가 중요한 수출산업이고 파업으로 인한 손실이 크다는 것을 모를 사람은 없다. 2007년 1월 13일자 중앙일보 사설대로 "지금 현대차는 계속되는 환율 하락의 짐을 지고 무한경쟁의 세계 자동차시장 한복판에 내몰리고 있다"는 진단도 옳을 수 있다. 문제는 "아직은 견딜 만하다고 하지만 지금처럼 파업을 일삼아서는 언제 무너질지 모르는 위기상황"이라는 주장에 있다.

심지어 "자칫하면 성과급이 아니라 조합원들의 일자리를 몽땅 날려버릴지 모르는 파국의 길로 조합원들을 이끌고 있는 것"이라는 논리 비약과 협박도 서슴지 않는다. 무한경쟁에서 밀리면 아예 모든 책임을 노조 탓으로 돌리려는 단순논리다. 그렇다면 경영진은 왜 있을까? '노사관리'를 제대로 못해온 경영진의 책임을 묻는 언론은 찾기 어렵다.

명토 박아 두거니와, 최소한의 형평성에서 보더라도 노사관계 갈등에서 빚어지는 손실의 책임은 노사 모두에게 있다. 그럼에도 한국 저널리즘은 회사 쪽의 책임을 엉뚱한 방향에서 추궁한다. 중앙일보는 1월 13일자 사설에서 "회사 측도 이번만큼은 법과 원칙을 분명히 지켜야 한다. 오늘날 현대차 노사문제가 이 지경에 이른 데는 불법을 눈감고, 노조의 무리한 요구를 원칙 없이 들어준 회사 측에도 책임이 크다"고 했다. 과연 그런 낡은 방식으로 21세기 현대자동차의 노사관계를 안정화할 수 있을까?

바로 여기에 문제의 핵심이 있다. 그 맥락에서 현대자동차 노사가 언론의 '기대'와 달리 1월 17일에 성과급 지급에 합의하고 파업을 접은 것은 주목할 일이다. 공연히 경영진이 연말

연시에 평지풍파를 일으키고 그것을 언론이 일방적으로 부풀림으로써, 그들 스스로 우려했듯이 현대자동차의 대외적 이미지만 추락하고 말았다.

더 큰 문제는 앞서 보았듯이 언론이 현대자동차가 노사타협을 한 후에 현대자동차 기업에 "무슨 차를 사지?" 따위의 '저주'를 퍼붓고 나선 데 있다. 언론의 부채질로 네티즌 일각에서 현대자동차 불매운동이 벌어진 것은 시사적이다.

여기서 찬찬히 되새겨볼 일이다. 한국 경제의 경쟁력을 가장 위협한다는 노사관계가 소모적 갈등을 재생산하는 원천적 이유가 어디에 있는가. 노사관계가 미디어 공론장에서 온전히 숙의된 경험이 없기 때문이다.

기실 한국의 노사관계는 국내외적으로 큰 불안요인으로 꼽혀왔다. 국제사회에서 '한국 주식회사'의 경쟁력을 갉아먹는 주된 요인이 노사관계라는 지적이 나온 것도 어제오늘의 일이 아니다. 하지만 그 원인을 차분하게 분석하려는 시도는 미디어 공론장에서 찾아보기 어려웠다.

문제점이 무엇인지 진지하게 분석하고 대책을 마련하기보다는 노사관계 악화를 노동자들의 파업과 곧장 등치하는 논리가 공론장에서 지배적이었고, 그 결과 다시 파업이 잦아지는 악순환이 반복되었다. 악순환이 깊어지면서 노동자들은 커뮤니케이션의 단절을 경험하게 되고, 결국 자살이라는 극단적인 방법으로 자신을 표현하는 극한의 커뮤니케이션 현상이 벌어졌다.

　노사관계라는 말 자체에서 볼 수 있듯이 노사관계는 노동자들 혼자 결정하는 것이 아니라 노동자와 사용자 사이의 관계 개념이다. 따라서 노사관계가 국가경쟁력을 떨어뜨린다면 그 책임은 노동자와 사용자 모두에게 물어야 옳다. 그런데도 '적대적 노사관계'의 책임을 사용자들에게는 전혀 묻지 않고 노동자들에게만 묻는다면, 그것은 의도했든 아니든 노동자들과의 대화에 소극적인 사용자들의 논리를 강화하는 기능을 할 수밖에 없다.

　새삼 강조하지만 노사관계는 앞으로 한국 경제의 발전을 위해 풀어야 할 중요한 정책과제다. 일차적으로 개개 기업 차원에서도 그렇다. 현대자동차의 사례는 노사관계가 얼마나 중요한가를 명백하게 보여주었다. 기업 차원의 노사관계에서도 커뮤니케이션은 중요하다. 박기순(2000, 43)이 지적했듯이 "기업 문화의 핵심을 이루는 가치가 구성원들에 의해서 공유to share 되려면 커뮤니케이션을 반드시 필요로 하기"[26] 때문이다.

　하지만 노사관계의 중요성은 단순히 개개 기업 차원의 문제에 머물지 않는다. 새로운 경제 발전 전략을 짜나가야 할 한국 경제의 현 단계에서 노동은 가장 중요한 경제자원이기 때문이다. 노동자와 농민, 빈민의 삶을 위기로 몰아가고 있는 신자유주의 체제를 넘어서서 새로운 경제발전 전략을 모색할 때 우리가 가장 주목해야 할 '경제자원'이 바로 노동이기 때문이다. 새로운 사회를 여는 연구원(새사연)이 이미 제안했듯이 노동자의 창조성에 바탕을 둔 노동창조경제를 건설해나가는 전략은 그대로 통일민족경제로 이어진다.[27]

문제는 노사관계를 현대자동차 보도처럼 왜곡하는 미디어 공론장에서 새로운 경제발전 전략은 온전히 여론화하기도, 국민적 동의구조를 얻기도 어렵다는 데 있다. 되레 언론이 나서서 신자유주의 경제성장 전략만이 글로벌 스탠더드라고 유포시키는 '뒤틀린 공론장'에서는 노동자를 비롯한 민중의 위기가 해소될 가능성은 없다. 미디어 공론장의 개혁이 중요한 시대적 과제인 까닭이다.

민족위기의 공론장

비단 민중위기만이 아니다. 한국 사회는 민족문제에서도 그 운명을 가를 갈림길에 들어서 있다. 노무현 정권의 실정으로 민주-진보세력이 싸잡아 비판받고 있는 가운데, 역사적 반동이 시나브로 가시화하면서 수구세력은 이미 정치, 경제, 사회 각 부문에서 목소리를 높이고 있다.

남북통일이라는 민족사적 과제 또한 예외가 아니다. 더구나 통일문제에서 수구세력의 발호는 자칫 분단시대의 평화를 근본적으로 위협할 수 있다는 점에서 민주시민의 각별한 경계가 필요하다. 미국의 세계 패권 유지를 위해서는 제국주의적 침략전쟁까지 서슴지 않는 네오콘과 손발을 맞추며, 심지어 6.15 남북공동선언마저 무효화할 것을 공공연하게 주장하는 세력이 미디어 공론장에서 마치 주류처럼 부각되고 있는 게 엄연한 현실이다.

분단시대에 한 전환점을 그은 6.15 남북공동선언 후 통일문제를 둘러싼 갈등은 미디어 공론장에서 증폭되어 왔다. 특히 2001년 미국에 부시 정권이 등장하면서 커진 갈등은 미국과 조선민주주의인민공화국 사이에 핵 문제가 불거지면서 걷잡을 수 없는 국면으로 치닫기도 했다.

남쪽 사회에서 통일정책과 관련한 담론은 크게 두 흐름으로 간추릴 수 있다. 두 흐름을 정치권과 언론계를 비롯해 세간에 널리 퍼져있는 '시사용어'로 풀이하면, 이른바 '햇볕론'과 '퍼주기론'으로 상징화할 수 있다.

햇볕론은 김대중 정권 이래 10년 동안 남쪽 정부가 대내외적으로 표방해온 통일정책이다. 새삼 정의가 필요할까 싶지만 햇볕론은 '남북한 간의 긴장관계를 완화하고 북을 개혁·개방으로 유도하기 위해 화해와 포용 자세로 남북한의 교류와 협력을 증대하기 위한 대북한 정책'이다.[28]

퍼주기론은 두루 알다시피 김 정권과 노 정권의 통일정책을 비판해온 한나라당의 논리다. 한나라당은 당의 통일정책을 소개하며 공언하고 있듯이 "미국을 비롯한 주변국, 그리고 국제사회의 한반도 정책"에 무게 중심을 두고 있다. 실제로 한나라당이 지난 10년 동안 보여준 '실천'은 미국과의 공조

속에서 대북 압박을 통해 이른바 '북핵 문제'를 해결하고, 북의 체제 변화 내지 붕괴를 유도하는 데 있다. 바로 그 논리의 연장선에 퍼주기론이 자리하고 있다.

따라서 이 책에서 퍼주기론은 '남북 경제협력이나 지원에 앞서 미국과의 공조로 대북 압박을 통해 이른바 북핵 문제를 해결하고, 북의 체제 변화 내지 붕괴를 유도해 통일을 이루는 정책'으로 정의한다.

남북문제를 인식하는 대표적인 두 틀인 햇볕론과 퍼주기론은 한국 공론장에서 갈수록 갈등과 대립으로 치달았다. 바로 그 점에서 민족위기를 다루는 공론장은 명백한 한계를 드러내주고 있다. 미국 조지 부시의 제국주의 정책과 그에 동조하는 퍼주기론에 담겨있는 민족위기에 대해 충분한 정보제공도, 올바른 해결방안 모색도 공론장에서 다뤄지지 않았기 때문이다.

이 점은 남쪽 사회 구성원 다수가 역사적인 6.15 남북공동선언의 의미에 대해 잘 알고 있지 못하거나 이미 망각하고 있는 현실에서도 확인될 수 있다. 2000년 6월 15일 남과 북은 '나라의 통일문제를 그 주인인 우리 민족끼리 서로 힘을 합쳐 자주적으로 해결한다'는 원칙과 함께 두 가지 획기적 합의를 발표했다. '남쪽의 연합제안과 북쪽의 낮은 단계의 연방제안'의 공통성을 찾아 통일방안(이하 '연합-연방제 통일방안')을 합의한 것(2항)과 '민족경제 균형발전'(4항)이 그것이다.

그러나 공동선언을 안팎에 선포한 지 7년이 흐르고 있지만, 연합-연방제 통일방안도, 민족경제 균형발전도 뚜렷한 진전이 없다. 오히려 후퇴하는 양상마저 보이고 있다. 흔히 두 가지 획기적 합의를 별개의 문제라고 생각하기 쉽지만, 사실 두 합의는 서로 긴밀하게 연결되어 있다.

연합-연방제 통일방안 없이 민족경제의 균형발전은 추구될 수 없고, 민족경제의 균형발전 없이 연합-연방제 통일은 의미가 없기 때문이다. 민족통일은 남과 북의 민족구성원 모두가 삶의 질이 나아지는 방법으로 이뤄져야 하기에 더욱 그렇다.

바로 그 점에서 민족경제의 균형발전은 연합-연방제 통일을 이뤄가는 가장 바람직하면서도 현실적인 길이라고 할 수 있다. 공동선언 4항은 "남과 북은 경제협력을 통하여 민족경제를 균형적으로 발전시키고 사회 · 문화 · 체육 · 보건 · 환경 등 제반 분야의 협력과 교류를 활성화하여 서로의 신뢰를 다져 나가기로 하였다" 이다.

공동선언 뒤 남북 교류는 지며리 이어졌다. 개성공단이 상징적 보기다. 하지만 민족경제를 균형 있게 발전시킨다는 공동선언의 구상은 제자리걸음에 그쳤다. 김대중 정권에서 노무현 정권으로 이어지면서 민간 교류는 점점 활성화하고 있지만 큰 고리를 풀어야 할 정부 차원의 노력은 답보 상태다. 물론 여기에는 공동선언 직후 미국에 부시 정권이 등장한 사실과 무관하지 않다. 하지만 아무리 외적 요인이 중요하더라도, 그것이 결정적 요인이 될 수는 없다.

문제의 핵심은 남쪽의 미디어 공론장에서 통일에 대해 회의론이나 시기상조론, 심지어 분단현상 유지론이 지배적 담론이 되어 간다는 데 있다. 그 담론은 햇볕론과 퍼주기론에서 두루 발견할 수 있다.

대립각을 세우고 있는 두 통일론이 자칫 현상유지로 흐를 수 있는 논리적 근거는 '통일비용론'이다. 대표적인 연구가 삼성경제연구소의 보고서다. 삼성경제연구소는 2005년 발표한 보고서(G10 Y10)를 통해, 통일 후 10년 간 북쪽 주민의 기초생활 보장을 위한 447조 원, 산업화 지원금 99조 원을 포함해 모두 546조 원이 필요할 것으로 전망했다. 그것이 앞으로 남쪽 경제가 도약하는 데 심각한 부담이라는 주장이 이어졌다. 이 논리는 그대로 분단현상 유지론으로 이어질 수밖에 없다.

그럼에도 남쪽의 정당과 언론은 통일비용론에 대해 아무런 비판적 분석도 없고 오히려 부추기고 있다. 분단의 현상유지를 원하거나 흡수통일을 갈망하는 세력에게 남북공동선언이 명시한 민족경제 균형발전은 전혀 고려의 대상이 아니다. 이른바 '대북 퍼주기'를 들먹이며 남북 경협을 비난하는 논리의 밑바닥에는 현상유지론이 짙게 깔려있다.

더 큰 문제는 퍼주기론에 반론을 펴나가는 쪽도 햇볕론의 논리에서 더 나아가지 못하거나 "동족을 돕자"는 인도주의적 지원을 강조하는 수준에 그치고 있다는 점이다.

여기서 주목할 것은 '대북 퍼주기론'이나 그를 비판하는 쪽에서 제시한 햇볕론과 인도주의론 모두 민족경제의 균형발전이라는 공동선언의 합의와 동떨어져있다는 점이다. 공동선언의 합의가 전혀 진전을 이루지 못한 것도 대다수 언론과 정당들이 퍼주기론이나 햇볕론 또는 인도주의 수준의 논의를 벗어나지 못하고 있기 때문이다.

남쪽의 정당과 언론에 지배적 틀이었던 퍼주기론과 햇볕론 모두 공동선언에 명시된 남북경협 합의는 물론이고 현실과도 배치된다. 민족경제의 균형발전을 모색함으로써 남북공동선언을 실천하는 길에 남과 북의 언론은 물론 정부 당국자나 정당들 모두 적극적으로 의제를 설정하거나 내용을 담아내지 못했다.

앞서 남쪽 경제의 구조를 분석하며 민중위기를 살펴보았지만, 시선을 민족으로 넓히면 북쪽의 경제위기 또한 공론장에서 숙의해야 마땅한 사안이다. 전후 1950년대에 눈부신 경제성장을 이루고 1970년대 중반까지 남쪽의 경제수준을 압도했던 북쪽 경제는 1990년대부터 소련-동구의 붕괴와 미국의 봉쇄정책, 거기에 더해 홍수와 기근의 자연재해가 겹치면서 '고난의 행군'을 걸어왔다.

2000년 들어 아사의 고난은 비록 끝났지만, 여전히 북쪽 경제는 위기에 처해 있다. 이를 타개하기 위해 외부 시장과 교류를 활성화하려고 하거나 경제 개발을 위한 기초 자본의 적극적인 유치를 모색하고 있다. 2002년 7.1 경제관리 개선조치로 새로운 모색을 시도하고 있지만, 북쪽의 지역경제 차원에서만 풀기에는 한계가 뚜렷할 수밖에 없다.

물론 북쪽의 경제 개혁은 적지 않은 성과를 내고 있다. 가령 세계적 금융그룹인 시티그룹이 2006년 7월 24일자로 발표한 보고서 〈아시아 경제 전망과 전략〉은 북쪽의 경제 개혁이 기대 이상일 뿐 아니라 자연자원이 풍부하고 11년 무상 의무교육 정책으로 문맹률 0퍼센트에 가까운 우수한 노동력을 보유하고 있는 점에 주목하고 있다. 보고서는 북쪽이 또 다른 동아시아의 기적을 낳을 것인지 조심스레 분석했다.

바로 그 '기적'의 가능성을 높이기 위해서라도, 북쪽은 자본주의 국가들과 관계 개선이 필요하고 평화정착이 요구된다. 그 과정에서 남쪽과 협력하는 것은 필수적이다. 경제 외적인 문제들을 차치하더라도 북쪽이 세계 시장에 성공적으로 참여하려고 할 때 불거질 문제들을 해결해 나가는 데 남쪽은 큰 도움을 줄 수 있다. 특히 자본주의 시장경제와의 교역, 국제 무역체계 경험, 첨단 경영기법 도입들은 북쪽에서 생소한 분야들이다.

북쪽은 핵무기 실험을 성공시킨 뒤, 경제에 역량을 집중할 구상을 이미 밝혔다. 가령 핵실험 바로 다음 날, 김정일 국방위원장은 원자력 관계자들을 평양으로 초대하여, "사회주의 경제 건설을 힘차게 추진해야 하는 새로운 시대로 돌입한 만큼 앞으로는 경제 사업에 큰 힘을 기울여야 한다"(아사히신문 10월 15일자)고 강조했다.

또 12월 5일자 조선신보에 따르면, 핵실험 뒤 북쪽에서는 "경제부흥에 매진할 수 있는 환경과 조건이 마침내 조성되었다는 기운이 높아가고 있다.……강력한 전쟁억제력은 오히려 평화적 경제건설의 조건을 마련하고, '다음은 인민생활'이라는 기대와 낙관"의 여론이 퍼져있다는 것이다.

북쪽은 2007년 신년 공동사설에서도 올해는 "사회주의 경제강국 건설을 위한 공격전"을 힘 있게 벌여야 한다고 강조하며, 경제문제를 푸는 데 국가적 힘을 집중하겠다고 선언했다. 3대 강국의 두 축인 군사와 정치사상 분야가 마련된 조건에서 경제강국 건설로 정책 방향을 전환하겠다는 논리다.

남쪽 경제 또한 앞서 보았듯이 신자유주의의 전도사인 IMF 통제를 받으면서 무엇보다 양극화가 심화되고 있다. 국민경제, 곧 분단지역 경제로서 남쪽 경제의 내적 순환구조도 파괴되었다. 대중요법이나 부분적 보완만으로 남쪽 경제의 위기를 돌파하기 어렵다. 이미 신자유주의 체제가 뿌리 내리면서 벼랑끝으로 내몰리고 있는 농민과 비정규직 노동자에 이어 도시빈민이 광범위하게 생기고 있다. 더구나 노무현 정권이 한미 FTA를 추진하면서 자칫 신자유주의가 전면적으로 뿌리 내릴 가능성마저 높다.

양극화를 부추기는 신자유주의 체제를 벗어나 대안적 국민경제 체제를 꾸리려면, 외국 투기자본의 전횡을 적절히 규제하면서도 새로운 성장 동력을 창출하고 중소기업과 내수기반 강화가 필수적이다.

문제는 그 과정에서 빚어질 부작용이다. 예컨대 강도 높은 투기자본 규제책이 실시될 경우, 단기적 투자효과를 노리는 유동자본(핫머니)들은 움츠릴 게 예상된다. 장기적이고 안정적인 투자자본 유치가 절실한데 현 상태의 남쪽 경제에 그만한 투자유인 요건이 있다고 낙관하기만은 어렵다. 투기자본이 썰물처럼 빠져나가는 방법으로 압력을 행사할 가능성도 미리 고려해야 한다.

하지만 남과 북을 아우르는 통일민족경제를 가정할 때, 외국인 투자자들에게 투자 매력은 비약적으로 높아진다. 곧 자세히 살펴보겠지만, 통일민족경제의 잠재적 성장가능성과 영향력이 크기 때문에 국내외 자본의 관심이 커질 수밖에 없다. 결국 외국 자본에 대한 주도성을 유지하면서도 장단기 경제성장을 추진할 수 있는 호기를 맞을 수 있다. 동시에 노동의 창조성에 바탕을 둔 남과 북의 통일민족경제를 꾸리는 일도 가속도를 낼 수 있다.

바로 그 점에서 남과 북의 언론이 먼저 미디어 공론장에서 통일민족경제의 효과를 알려나가야 할 뿐 아니라 구체적 실현을 위한 과제를 정책의제로 적극 설정해 나가야 한다.

물론 통일민족경제로의 틀 전환은 지나치게 이상적이라는

비판이 있을 수 있다. 하지만 그것을 이상적이라고만 보기에
는 우리를 둘러싼 국제정세의 변화가 심상치 않다. 중국은 현
단계에서 미국과 갈등을 빚고 있지 않지만, 중국의 경제성장
이 가속화하면 할수록 미국과의 갈등은 더 커져갈 수밖에 없
다. 미국과 소련의 냉전 해체기에 남북정상회담을 열고 6.15
공동선언을 내온 사실을 새삼 되새겨볼 이유가 여기에 있다.

미국과 중국이 본격적으로 갈등 국면으로 들어서게 될
2010년대에 이르면 자칫 남과 북은 주관적 의도와 무관하게
또다시 긴장 국면으로 들어갈 가능성이 있다. 따라서 남과 북
이 통일민족경제를 구상하고 구현해나갈 시점은 아무리 길어
야 7~8년 정도밖에 안 된다.[29]

결국 2007년 현재 우리 민족은 자칫 전쟁의 참화를 뒤집어 쓸
평화의 위기와 함께 분단 고착화의 위기를 맞고 있다. 2007년
'2.13 합의'로 북미관계 정상화의 길이 뚫린 것도 사실이지만,
2005년 '9.19 성명'이 그러했듯이 그 실천을 가리트는 세력이
미국 안에 엄존하고 있음은 물론 한국의 친미사대세력과 그
대변자인 '살찐 언론'들의 반북소동으로 합의가 다시 좌초될
가능성이 높다.

2002년 10월 북미 핵갈등의 발단에서부터 '악의 축' 또는
'폭정의 전초기지' 발언, 북의 미사일 발사, 핵실험 단행이라
는 고비마다 한국 저널리즘은 줄곧 미국 부시 정권의 제국주
의 정책에 동조하며 '평양 책임론'을 부각해왔다.

가령 9.19 성명 직후 미국이 뚜렷한 증거도 제시하지 않고 북을 '달러 위조국가'로 몰아 금융압박에 나섰을 때, 한국 언론은 사실관계가 명확하지 않은 '위조 달러론'에 근거해 친미 반북 보도와 논평을 미디어 공론장에 쏟아냈다.

한국 저널리즘이 미국의 일방적 주장을 토대로 반북소동을 벌이고 있을 때, 독일 일간지《프랑크푸르트 알게마이네 짜이퉁FAZ》은 2007년 1월 7일자 일요판에 주목할 만한 탐사보도를 내보냈다. 이 신문은 유럽과 아시아 위조지폐 전문가들의 조사 결과를 인용해, 정교하게 위조된 50달러와 100달러 지폐는 미국 정보기관 CIA가 비밀 업무를 위해 대량 제조한 것으로 보인다고 보도했다. 신문은 이어 미국이 북에 위조 달러 제조 혐의를 뒤집어씌우고 북을 압박하는 수단으로 이용한다고 지적했다. 물론 FAZ의 보도가 진실이라는 물증은 없다. 하지만 독일 언론이 진실을 좇는 탐사보도를 할 때, 한국 언론은 아무런 탐사도 없이 미국의 주장에 근거해 반북 여론몰이에 나선 것만은 명백한 사실이다.

문제는 북미관계 정상화의 디딤돌이 될 2.13 합의가 나온 뒤에도 한국 언론은 합의에 비판적이고 미국의 네오콘을 뺨칠 정도로 반북 강경기조를 보인다는 데 있다.[30] 2.13 합의를 구체적 현실로 일궈내고 궁극적으로 민족위기를 풀어갈 길을 공론장에서 숙의해야 마땅한 상황에서 전혀 엉뚱하게 햇볕론과 퍼주기론이 갈등을 벌이고 있는 현실은 우려스러운 일이다.

분단공론장의 중층구조

앞서 보았듯이 한국의 언론은 미디어 공론장에서 민중위기와 민족위기를 심화시키고 있다. 위기를 위기로 인식하지 못하거나 위기를 인식해도 전혀 엉뚱한 진단과 처방을 한다면, 위기는 더 깊어질 수밖에 없다. 우리가 구체적 삶의 위기와 맞물려 있는 미디어 공론장의 구조를 파악한 이유도 여기 있다. 바로 그 맥락에서 손석춘(2005)이 제시한 '분단공론장' 개념은 공론장 위기의 근원을 파악하는 데 유용하다.[31]

분단공론장은 월러스틴Wallerstein, I이 새로운 사회과학 연구방법론으로 제시한 '역사적 사회과학historical social science'의 논리에 따라, 한국 공론장이라는 '역사적이고 사회적인 시공간TimeSpace' 연구를 통해 공론장의 '주기적 순환cycle'과 '추세trend'를 분석한 결과 추출한 개념이다.

[그림 1]에서 볼 수 있듯이 중세 지배체제를 부정하는 아래로부터 움직임이 공론장을 형성한 유럽과 달리 한국의 공론장은 다른 길을 걸어왔다. 조선 후기에 농업과 상공업에서 자본주의 맹아가 성장하고 신분제도가 동요하면서 그에 따라 커뮤니케이션 구조 또한 변동의 조짐이 뚜렷했다. '대소민인大小民人'이 한 자리에 모여 논의한 향회鄕會 또는 민회民會와 그 정치적 표출인 민란과 농민전쟁은 중세 조선사회에서 아

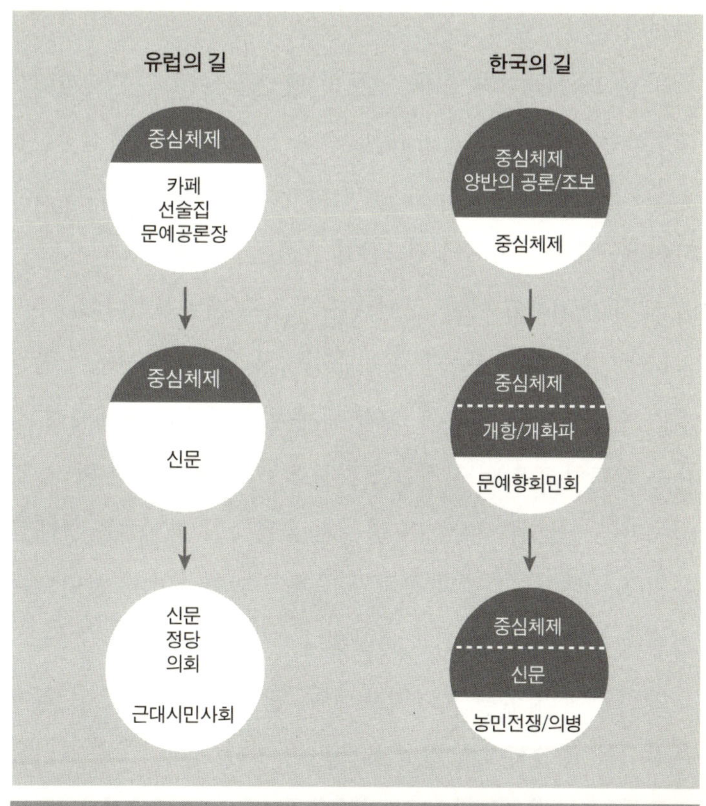

그림 1_ 유럽과 한국의 공론장 생성 비교

래로부터 올라오는 공론장의 맹아였다.[32]

　문제는 그 공론장의 맹아가 자라나 근대 공론장을 형성하기 전에 자본주의 열강의 침략으로 자주적 발전의 길이 단절되었다는 데 있다. 그 결과, 아래로부터의 공론장의 맹아가 외세의 침략적 개입과 그 외세와 손잡은 중세 지배세력의 결합으로 형성된 위로부터의 공론장에 의해 억압됨으로써 공론장 자체가 분단되었다.

　바로 그 맥락에서 근대 언론의 생성을 놓고 언론학계에서 대립해온 이식론移植論, transplantation theory이나 접목잡종론接木雜種論, graft hybrid hypothesis과 달리, 손석춘은 민중과 체제 사이에 '경계선'이 뚜렷한 '갈등구조론conflict-structure theory'을 제시(2004)하고 이를 '분단공론장'으로 개념화했다(2005a).

　[그림 1]에 나타나듯이 유럽에서는 아래로부터 신문이 발간되면서 형성된 공론장이 중세 체제에서 민중과 지배세력 사이를 분단하고 있던 경계선을 허물어 버린 것(점선)과 달리, 조선에서는 신문의 발간으로 형성된 공론장이 경계선을 그대로 유지(실선)했다. 그 결과 공론장 자체가 위와 아래로 분단되는 기형적 형태(분단공론장)로 출발했다.

　개항기에 형성된 분단공론장의 '갈등구조'는 그 뒤 일제강점기와 분단시대를 거쳐 지속되어 왔다. 물론 그 분단선을 허물려는 아래로부터의 움직임은 줄기차게 이어졌다. 한국 사회의 역사적 전개 과정에 나타나는 미디어의 폭증과 급감이라는 현상은 분단공론장의 분단선을 허물려는 분출과 그 반동인 억압이 되풀이 되어온 데서 빚어졌다.

　이를테면 분단공론장의 경계선을 뚫으려는 아래로부터 분출은 조선시대 후기 공론장의 맹아에서부터 러일전쟁 뒤《대한매일신보》와 일제의 무단통치 아래 '지하신문', 그리고 해방 공간에서 봇물을 이룬 신문들과 4월혁명 공간에서 미디어 급증, 군사독재 아래 자유언론실천운동으로 나타났다.

그 시기별 분출 과정에서 언제나 당대의 시대정신을 반영하는 새로운 신문이 창간된 것도 눈길을 끈다. 《대한매일신보》를 비롯해 《조선독립신문》, 그리고 해방 공간의 《조선인민보》, 4월혁명 공간의 《민족일보》, 유신시대 해직기자들에 의한 새로운 신문 창간의 꿈들이 그것이다.

하지만 분출 뒤에는 언제나 억압이 뒤따랐다. 공론장의 분출 앞에 밀리던 체제의 분단선은 재정비 뒤 억압에 본격 나섰다. 일본 제국주의의 《대한매일신보》 탄압과 곧 이은 전면 폐간, 지하신문 전면 통제와 친일신문 창간 허용, 해방 공간에서 미군정에 따른 진보적 · 중도적 신문의 전격 폐간, 5.16 쿠데타 뒤의 《민족일보》 폐간과 발행인 조용수의 처형, 10.24 자유언론실천선언 기자들의 대량 해직들이 그것이다. 그 결과 체제와 민중 사이를 확연히 경계 짓는 분단선이 다시 그어진다.

결국 공론장의 외적 왜곡과 내적 배제라는 두 가지 특성은 법적 뒷받침을 받으며 여전히 공론장을 분단하고 있고, 더욱

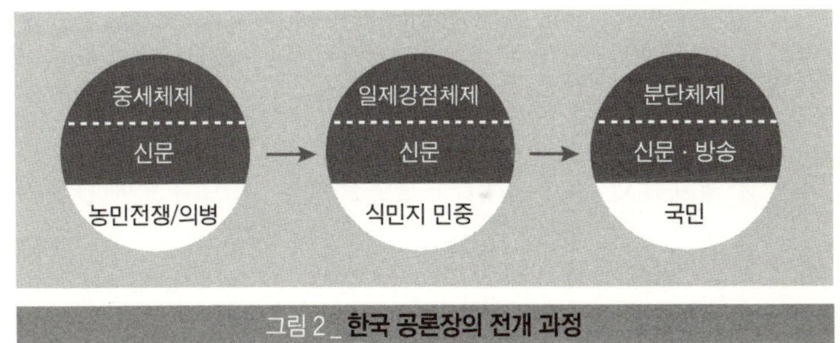

그림 2 _ 한국 공론장의 전개 과정

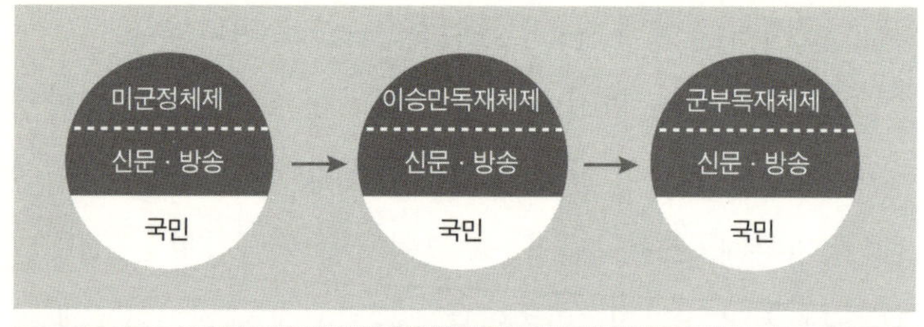

그림 3 _ 분단체제 공론장의 전개 과정

이 남과 북으로 갈라진 분단체제는 분단공론장의 분단을 강화함으로써 '중층구조'를 형성하고 있다.

지금까지 간추려 살펴보았듯이 한국 공론장은 출발부터 밖(외세)으로부터 그리고 위(기득권세력)로부터 틀이 지워짐으로써 유럽의 길과 달리 아래로부터의 공론을 배제하는 구조가 형성됐다. 공론장 내부에 경계선이 또렷한 분단공론장의 갈등구조론을 통해 우리는 한국 근대 공론장이 지닌 갈등의 역동적 성격을 한 눈에 파악할 수 있다.

한국에서 공론장은 갈등의 표출이 자유롭지 못하고, 밖과 위로부터 제한된 특성을 지녔기 때문에 언론이 공론장에서 나타나는 갈등들을 소통시키면서 풀어가기보다는, 오히려 자유롭고 평등한 구성원들에 따른 공론장의 성숙을 가로막아 지속적으로 갈등이 일어날 수밖에 없었다. 중세체제에서 식민지 지배체제로 그리고 다시 분단체제로 이어지면서 갈등구조가 온존해온 것이다([그림 2]와 [그림 3]).[33]

위와 아래, 안과 밖으로 공론장의 경계선이 뚜렷한 분단공론장의 논리는 그대로 앞서 분석한 민중위기와 민족위기를 논의하는 공론장의 위기에서 여실히 드러난다. 결국 분단공론장의 '경계선' 개념을 통해서 우리는, 근대 미디어를 형성한 주체들이 밖으로부터 영향받으면서 아래로부터의 공론장 '맹아'와 참여 요구를 외면하거나 적대시한 사실을 중요하게 인식할 수 있고 공론장을 정상화하기 위해 무엇이 필요한가를 확인할 수 있다.

거듭 말하거니와 한국의 미디어 공론장은 진실과 공정이라는 저널리즘의 존재원칙마저 위반하고 있으며, 그에 더해 민중위기와 민족위기를 공론화하지 않음으로써 공론장의 위기를 자초하고 있다. 그 공론장의 위기가 다시 민중과 민족의 삶의 위기를 증폭할 것은 더 말할 나위가 없다.

그렇다면 누가 보더라도 심각한 문제를 지닌 분단공론장이 어떻게 그 긴 시간동안 유지되어 온 것일까? 분단공론장의 갈등구조가 한 세기 넘도록 지속되고 있는 까닭은 그것이 공론장을 둘러싸고 있는 전체 사회구조를 고스란히 반영하고 있기 때문임은 쉽게 헤아릴 수 있다. 실제로 일본 제국주의의 침략기와 강점기를 거쳐 분단체제로 이어온 시대적 흐름은 분단공론장이 지속되며 중층화한 조건이기도 했다.

하지만 분단공론장의 지속을 사회구조로 환원하여 인식하는 논리에는 뚜렷한 한계가 있을 수밖에 없다. 거꾸로 사회구조가 분단공론장 때문에 지속되고 있다는 판단도 가능하기 때문이다. 실제로 민족위기와 민중위기를 진실과 공정이라는 기본원칙마저 거스르며 왜곡하고 있는 미디어 공론장의 모습은 그런 추론을 강력하게 뒷받침해준다.

따라서 분단공론장의 내부에서 그것을 온존시키는 기제를 파악해서 규명해야 옳다. 분단공론장을 지속시키며 중층구조화한 원천, 우리는 그것을 분단공론장의 '중핵'으로 개념화할 수 있다.

분단공론장의 중핵 포착하기

중핵中核은 '사물의 중심이 되는 중요한 부분'을 이른다. 위와 아래, 안과 밖으로 공론장을 분단하고 있는 분단공론장의 중핵은 공론장을 지배하고 있는 미디어들의 내부에서 찾아야 한다. 미디어 내부에 위와 아래, 안과 밖을 분단하고 있는 구조가 있다면, 바로 그것이야말로 분단공론장의 중핵이다.

미디어 내부에서 아래로부터의 요구를 배제하고 있는 주체가 바로 언론자본이다. 흔히 언론사 사주社主라 불리는 언론자본가는 언론사 주식을 독과점함으로써 주필과 편집국장에

대한 인사권을 무기로 기자들에게 황제처럼 군림하고 있다.[34]

언론자본이 고위간부들을 통해 기자들을 통제하며, 아래로부터 올라오는 기자들의 자유를 제한하고 있는 형태는 [그림4]와 같이 고스란히 분단공론장의 갈등구조를 내면화한 것이다. 내면화한 분단공론장의 갈등구조가 언론자본을 통해 거꾸로 분단공론장을 강화하고 있는 것이 한국 공론장의 현실이다. 바로 그 점에서 분단공론장의 중핵은 언론자본이다.

실제로 미디어 공론장의 전개 과정에서, 언론자본은 세습을 통해서 일본 제국주의 강점기 이래 분단체제에 이르기까지 미디어 공론장의 주류를 형성해왔다. 각 시기마다 외세든 독재정권이든 전혀 정당성이 없는 정치권력과 유착하며 기자들의 아래로부터의 언론자유를 억압해온 것도 바로 언론자본이다.

언론사 밖의 힘과 손잡고 언론사 위에서 언론사 안의 아래로부터 올라오는 언론자유를 유린해왔다는 점에서 언론자본은 분단공론장의 구조를 고스란히 체화하고 있다.

언론자본에 영향력을 행사한 언론사 밖의 힘은 시기별로

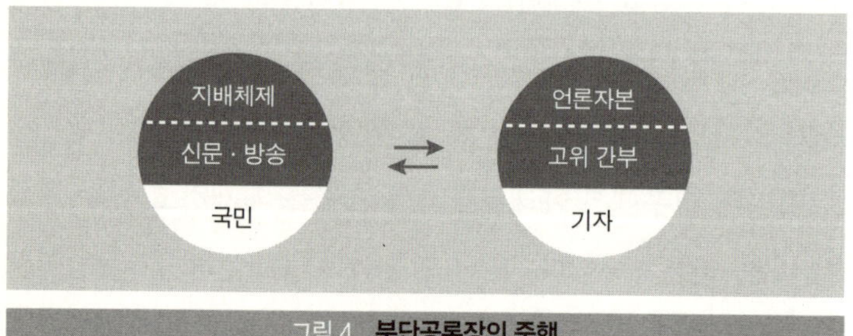

그림 4 _ 분단공론장의 중핵

다르다. 초기에는 일본 제국주의의 영향력이 결정적이었고, 그들이 미국에 패배한 뒤에는 미국의 영향력이 지배적이었다. 이어 이승만 민간독재와 박정희-전두환 군부독재 시기에 언론자본은 권력의 '눈치'를 살필 만큼 예속적이었다.

물론 권력에 대한 예속도 자세히 분석해보면 차이가 또렷하다. 박정희 정권에 철저히 예속됐던 언론자본은 1980년 '5월 학살'을 저지른 전두환이 집권하는 데 큰 기여를 하면서 조금씩 예속을 벗어나게 된다. 1970년대 언론을 정권에 철저히 굴종한 '제도언론'으로 규정하는 반면, 1980년대 언론을 '권언복합체'라는 개념 아래 권력의 동맹으로 규정하고 있는 것도 같은 맥락이다.

반면에 언론에 대한 경제권력, 자본의 힘은 꾸준히 커왔다. 자본은 독재권력이 무너진 빈 공간에서 언론에 대한 영향력

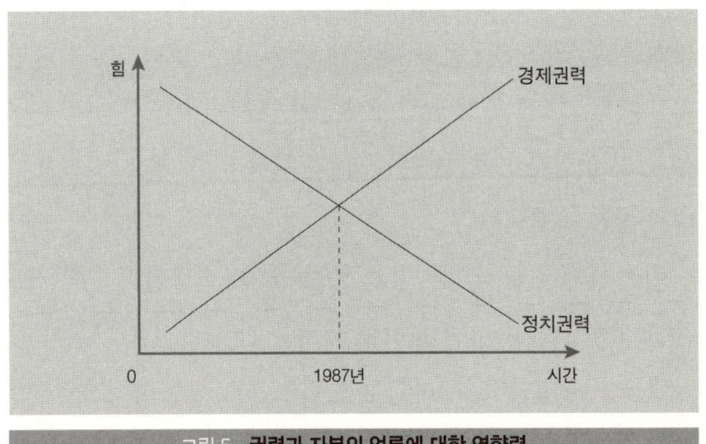

그림 5 _ 권력과 자본의 언론에 대한 영향력

을 한층 키워왔다. [그림 5]에서 볼 수 있듯이 언론에 대한 언론사 밖의 힘의 관계는 1987년 6월 항쟁을 전환점으로 자본이 권력을 추월하게 된다. 6월 항쟁으로 물러난 군부 정치권력의 자리에 자본이 들어선 것이다.

문제의 핵심은 언론사 밖에서 영향력을 높여가는 경제권력인 자본의 논리가 언론사 내부 언론자본의 논리와 그대로 이어져있다는 것이다. 보편적인 자본의 논리에 더해 민주주의를 억압해온 역사도 그대로 갖추고 있다. 자본의 논리가 언론사의 안팎을 관통하며 언론자본가의 권력을 더 강화해주고 그만큼 분단공론장의 중핵은 강화되고 있는 것이 현실이다.

물론 정치권력의 퇴각을 과소평가할 필요는 없다. 공론장에서 아래에서 올라오는 정치적 요구가 더는 억압할 수 없을 정도로 커졌음을 뜻하기 때문이다. 실제로 분단공론장이 1987년 6월 항쟁 뒤 구조변동에 들어간 징후는 여러 곳에서 확인할 수 있다. 3.1 운동 공간과 해방 공간, 그리고 4월 혁명 공간과 달리 6월 항쟁 공간에서 폭증한 미디어는 급감의 운명을 겪지 않았다. 억압과 분출의 '주기적 순환' 구조가 되풀이되지 않았기 때문이다.

이는 한국 공론장의 억압과 분출이라는 변증법적 순환구조가 오랫동안의 양적 발전 위에 새로운 질적 발전을 이루기 시작했음을 의미한다. 전자혁명을 바탕으로 능동적 공중의 쌍방향 커뮤니케이션이 확산 '추세'인 것은 질적 발전을 더 담보하고 있다.

하지만 [그림 5]를 설명하며 분석했듯이 구조적 변동기에 들어선 미디어 공론장에 자본의 힘은 갈수록 커져가고 있다. 분단공론장의 구조가 과거와 같은 정치권력의 폭압으로 재편되는 것이 아니라 자본과 노동의 경계선을 중심으로 변동이 이뤄지게 된 것이다.

그 결과, 한국 언론은 자본에 의해 공론장이 재봉건화되는 하버마스의 선진 자본주의 사회의 공론장과 유사한 형태로 귀결되고 있다. 한국 미디어 공론장의 문제가 '생활세계의 식민지'와 '공론장의 재봉건화'라는 21세기 전 지구적 문제와 그대로 이어져있는 것이다. 전자혁명에서 비롯된 뉴미디어들 또한 능동적 공중의 토대가 될 수 있지만 동시에 그것이 산업화됨으로써 자본의 논리가 더 강화되는 방향으로 귀결될 수도 있다(강상현, 1995).

[그림 6]은 분단공론장의 틀에서 한국 공론장의 구조변동이 세계화시대에 유럽 공론장의 위기와 수렴되고 있음을 단적으로 표현하고 있다. 바로 그 점에서 '분단공론장'의 개념은 비단 한국 사회뿐 아니라 비서구사회에서 공론장이 형성되는 과정을 설명할 수 있는 틀이라는 점에서 보편적 이론이 될 수 있다.

그렇다면 재봉건화한 서구사회의 공론장과 비서구사회의 분단공론장의 대안은 무엇일까? 손석춘(2005a)은 [그림 7]에서

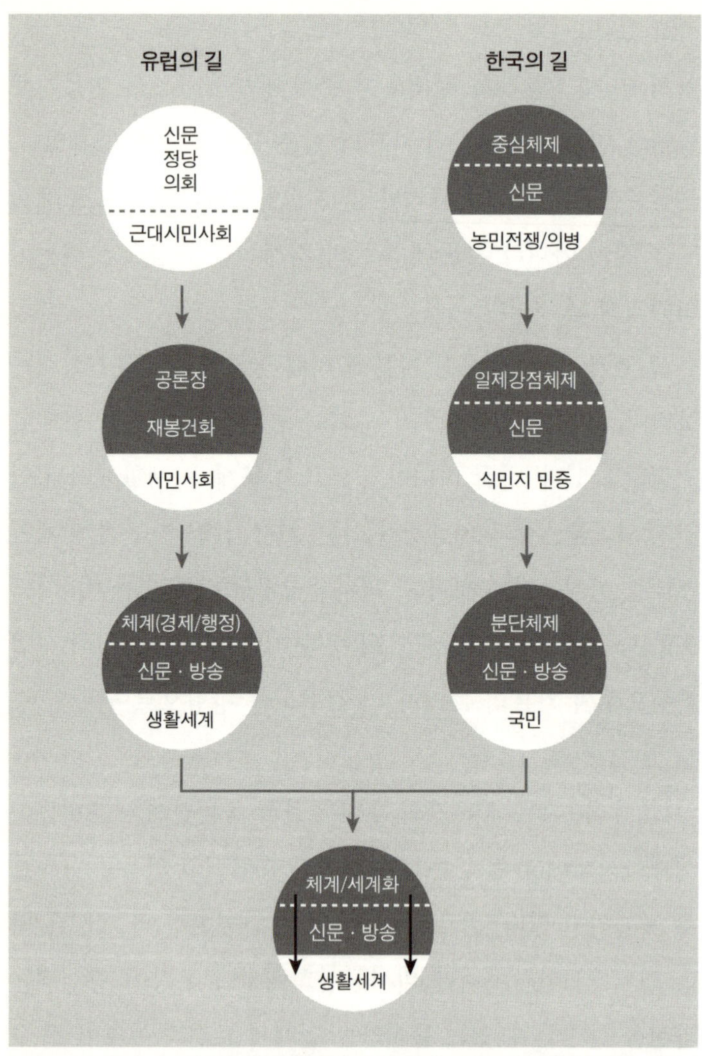

그림 6 _ 유럽과 한국의 공론장 전개 과정 비교

볼 수 있듯이 대안으로 하버마스가 후기이론에서 제시한 체
계 · 생활세계 · 공론장의 삼분구도에 만족하지 않고, 하버마

스의 '체계'까지 공론의 마당에서 숙의deliberation 대상으로 삼는 공론장의 '이상적 현실'을 해방공론장으로 제시했다. 하버마스 이론과 달리, 해방공론장에서 체계와 생활세계 사이의 경계선은 허물어진다.

물론 점선으로 표현했듯이 구분 자체를 부정하는 것은 아니다. 하지만 해방공론장은 사회구성원의 삶을 '식민지화'하는 체계의 문제까지 공론의 마당에서 토의함으로써 하버마스의 공론장이 지닌 한계를 벗어나 '이상적 대화 상황'으로 다가서려는 실천의 문제를 진지하게 모색할 수 있다.

근대 부르주아 공론장이 중세의 신분제에 바탕을 둔 폐쇄적 구조를 벗어났듯이 자본의 논리에 따른 재봉건화와 식민지화를 온전히 벗어나 공론장의 분단을 해소할 때 공론장의 참다운 해방이 가능하다(손석춘, 2005a).

20세기 인류의 경험에서 자본주의 언론과 공산주의 언론의 한계가 모두 뚜렷하게 드러난 만큼 새로운 사회의 공론장으로서 해방공론장은 세계사적 과제가 되었다.

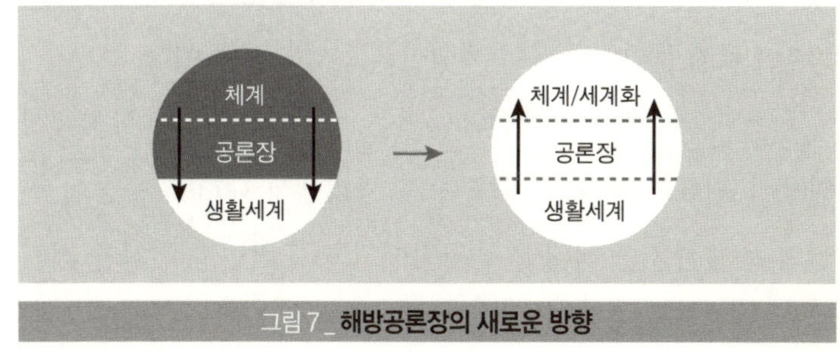

그림 7_ 해방공론장의 새로운 방향

미디어 개혁입법 들여다보기

지금까지 분단공론장의 중층구조와 중핵 개념으로 한국 언론이 지닌 문제점을 구조적으로 파악함으로써 해방공론장 형성이라는 실천적 과제를 제시했다. 해방공론장을 형성하기 위한 가장 핵심적 과제는 바로 분단공론장의 중핵을 해체하는 것이다. 그리고 그 해체는 입법을 통해 제도적으로 이뤄져야 한다.

1장에서 보았듯이 저널리즘 발전을 위한 법적 기반을 확보하려는 운동은 김대중 정권 시절의 통합방송법 제정(1999)에 이어 노무현 정권 시기의 신문법 제정(2005)으로 일정한 성과를 거뒀지만 한계는 모두 뚜렷했다. 특히 이 책에서도 살펴보았듯이 한국의 미디어 공론장을 비틀며 분단공론장을 지속시켜 가는 중핵인 언론자본의 문제는 아예 논의조차 못한 신문법의 문제는 더 심각하다. 독과점적 소유구조 개혁이나 편집자율성 확보가 입법에 전혀 반영되지 못했거나 형식적 권고사항에 그침으로써 분단공론장이 재생산되고 있기 때문이다.

무릇 법과 제도를 개선해나가는 것은 민주주의 사회에서 언제나 필요한 과제다. 민주주의 사회에서 대다수 운동이 현실의 문제점을 드러내어 구체적이고 제도적인 해결책을 제시하는 입법운동legitimation으로 귀결되고 있는 것은 한국 사회의 민주주의 진전에 따른 자연스러운 일이다. 신문법은 물론 통합방송법도 입법운동을 통해 개정해나가야 옳다.

바로 그 점에서 언론연대가 2006년 말에 신문법 개정안을 국회에 제출한 것은 의미 있는 일이다. 개정안은 신문사 소유 구조 개혁과 편집의 자유성을 명문화하고 있다. 이 개정안에서 주목할 대목은 신설된 '제4장 여론의 다양성의 보호'다. 한국의 정치 상황에 비추어 이 개정안이 당장 국회에서 처리될 가능성은 없지만 앞으로 입법운동 과정에서 중요한 자료가 될 수 있다. 여론의 다양성을 보장하려는 4장의 전문은 다음과 같다.

제25조(신설) (일간신문시장의 여론 다양성 보호)

① 일반일간신문(정보 전달을 위하여 무료로 보급되는 일간신문은 제외한다)을 경영하는 사업자 중 전년 12개월 평균 전국 발행부수의 100분의 20 이상인 자는 이 법 제18조 제2항에 불구하고 다른 일반일간신문의 지분이나 주식을 소유할 수 없다.

② 문화관광부장관은 제1항에 해당하는 일반일간신문이 독점규제및공정거래에관한법률(이하 "공정거래법"이라 한다)의 규정에 의한 불공정거래 행위를 할 경우에 공정거래위원회에 즉시 시정을 촉구하며, 60일 안에 시정결과를 발표하여야 한다.

제26조(신설) (지역신문시장의 보호)

① 문화관광부장관은 지역 여론의 활성화를 위해 이 법 제2조 2호의 규정에 따른 전국신문과 지역신문의 균형발전을 위해 노력하여야 한다.

② 특별시 및 광역시·도에서 보급부수가 전체의 100분의 30 이상인
전국신문(일반일간신문을 대상으로 한다)은 이 법 제18조 제2항
에 불구하고 지역신문의 주식 또는 지분을 소유할 수 없다.

제27조(신설) (여론 다양성 유지 의무) 문화관광부장관과 지방자치단체
장은 다음 각 호의 경우에 여론 다양성의 침해 정도를 점검하고 그 유
지를 위한 대책을 즉시 수립해 집행하여야 한다.
1. 제15조 제1항에 해당하는 사업자가 3개 이상인 경우
2. 특별시 및 광역시·도에서 전국신문 상위 3개사의 보급부수가 전
체의 100분의 60 이상인 경우

제28조(현행 15조) (소유제한 및 겸영금지 등)
① 일간신문을 경영하는 법인이 주식을 발행하는 경우에는 기명식으
로 하여야 한다.
② 누구든지 대통령령이 정하는 특수한 관계에 있는 자가 소유하는
주식 또는 지분을 포함하여 일간신문(일반일간신문 특수일간신
문 또는 외국어일간신문을 말한다. 이하 같다) 또는 통신을 경영하
는 법인이 발행하는 주식 또는 지분 총수의 100분의 30을 초과하
여 소유할 수 없다. (신설)
③ 일간신문을 경영하는 법인과 뉴스통신진흥에관한법률에 의한 뉴
스통신(이하 "뉴스통신"이라고 한다) 또는 방송법에 의한 지상파
방송사업과 종합편성 또는 보도에 관한 전문편성을 행하는 방송
사업(이하 방송사업이라 한다. 이하 이 조에서 같다)을 경영하는
법인은 각 사업을 상호 겸영하거나 주식이나 지분을 소유할 수 없
다. (신설)
④ 일간신문 또는 뉴스통신을 경영하는 법인이 발행한 주식 또는 지
분 총수의 100분의 30을 초과하여 소유하는 자는 방송법에 의한 종
합유선방송사업·위성방송사업을 경영하는 법인이 발행한 주식

또는 지분 총수의 100분의 10을 초과하여 소유할 수 없다. (신설)

⑤ 일간신문이나 뉴스통신을 경영하는 법인의 이사(합명회사의 경우에는 업무집행사원, 합자회사의 경우에는 무한책임사원을 말한다) 중 그 상호간에 민법 제777조에 규정된 친족관계에 있는 자가 그 총수의 3분의 1을 넘지 못한다.

⑥ 제2항 및 제3항, 제4항의 규정을 위반하여 주식 또는 지분을 취득 또는 소유한 자는 그 초과분에 대한 의결권을 행사할 수 없다.

⑦ 등록관청은 제3항 및 제4항의 규정을 위반하여 주식 또는 지분을 취득 또는 소유한 자에 대하여 6개월 이내의 기간을 정하여 이를 시정할 것을 명하여야 한다.

⑧ 등록관청은 제3항 내지 제5항의 사실을 확인하기 위하여 대통령령이 정하는 바에 따라 일간신문을 경영하는 정기간행물사업자 및 뉴스통신사업자에게 필요한 자료를 제출하게 할 수 있다.

개정안 28조 2항에 명문화되었듯이 언론연대는 신문사 주식의 소유한도를 30퍼센트로 제한했다. 소유한도를 30퍼센트로 제한하면 특정 신문 자본가(사주)가 신문의 논조를 좌지우지 하는 것을 견제할 수 있다. 물론 30퍼센트로 제한한다고 해서 모든 문제가 해결되는 것은 아니다. 하지만 분단공론장의 중핵구조는 1인 지배의 현실보다 민주화될 것임이 분명하다.

분단공론장의 중핵을 개혁하기 위해 소유구조의 제한과 함께 필요한 것은 편집의 자율성 확보다. 현행 신문법은 언론연대의 요구를 받아들여 편집위원회 조항을 두었지만 "둘 수 있다"는 임의조항이어서 두지 않아도 아무런 문제가 없게 해놓

았다. 언론연대가 새로 마련한 개정안은 문제의 임의조항을
다음과 같이 의무조항으로 바꿔 "두어야 한다"로 못박았다.

제16조(현행 18조) (편집위원회 등)
① 일반일간신문을 경영하는 정기간행물사업자는 편집위원회를 두
어야 한다. (개정)
② 편집위원회는 대통령령이 정하는 바에 따라 정기간행물사업자를
대표하는 편집위원과 취재 및 제작 활동에 종사하는 근로자를 대
표하는 편집위원으로 구성한다.
③ 편집위원회는 일반일간신문 제작의 자율성을 보장하기 위하여 편
집규약을 제정하여야 한다.
④ 제3항의 규정에 따라 편집규약을 제정하는 경우 편집규약에는 다
음 각 호의 사항이 포함되어야 한다.
  1. 편집위원회의 구성·권한·조직·위원의 임기·신분보장 및
  운영에 관한 사항
  2. 편집위원회의 자율성·독립성 및 공정성의 보장에 관한 사항
  3. 편집위원회의 규칙 제정 등에 관한 사항
  4. 편집의 공공성과 자율성 보장에 관한 사항
  5. 편집의 기본적인 원칙 및 지침에 관한 사항
  6. 편집의 기본원칙에 위배되는 내용으로서 양심에 반하는 취재 또
  는 제작에 대한 거부권에 대한 사항
  7. 편집·취재와 관련한 윤리지침에 관한 사항
  8. 편집책임자의 임면에 관한 사항
  9. 편집방향의 심의·결정 및 변경에 관한 사항
  10. 독자권익위원회의 구성 및 운영, 독자의 권익보호, 독자의견의
  반영에 관한 사항

소유권이 분산되고 편집위원회 구성이 의무화되어 편집규약이 제정되면 분단공론장의 중핵구조를 민주화하는 토대는 어느 정도 마련될 수 있다. 그 위에서 편집국 민주주의를 일궈내고 진실과 공정을 구현하는 저널리즘을 정립하는 것은 언론인들에게 주어진 과제일 터이다.

언론연대의 개정안이 두루 완벽한 것은 아니다. 가령 신문산업의 진흥을 위해 신문발전위원회와 신문유통원을 명문화하고 있는 조항은 현행 신문법과 사실상 차이가 없어 지나치게 소극적이다. 다음 개정안에서 볼 수 있듯이 개정된 것은 위원회 구성방법과 위원장의 상근이다.

제5장(현행 4장) 신문산업의 진흥 등

제29조(현행 27조) (신문발전위원회의 설치) 여론의 다양성을 보장하고 신문산업의 진흥을 위한 업무를 지원하며 신문발전기금을 관리·운영하기 위하여 신문발전위원회(이하 "위원회"라 한다)를 문화관광부에 설치한다.

제30조(현행 28조) (위원회의 구성)
① 위원회는 상위원장과 부위원장 각 1인 등 9인으로 구성한다.
② 위원장과 부위원장은 호선한다.
③ 위원은 언론에 관한 식견이 있는 자 가운데에서 문화관광부장관이 위촉하되, 다음 각 호에 해당하는 자를 포함하여야 한다. 이 경우 위원에는 여성의 참여가 이루어지도록 하여야 한다.

　　1. 국회의장이 추천하는 2인

　　2. 한국신문협회 · 전국언론노동조합 · 언론학계 및 시민단체가 추
　　　천하는 각 1인 (개정)

④ 위원의 임기는 3년으로 하되, 연임할 수 있다.

⑤ 위원에 결원이 있는 때에는 결원된 날부터 30일 이내에 제3항의
　규정에 의하여 결원된 인원을 위촉한다. 보궐위원의 임기는 전임
　자의 잔임기간으로 한다.

제31조(현행 29조) (위원회의 직무) 위원회는 다음 각 호의 직무를 수행
한다.

　1. 여론의 다양성 보장과 신문산업 진흥을 위한 계획 · 정책에 관한
　　자문

　2. 제16조의 규정에 따른 신고 · 검증 및 공개에 관한 업무

　3. 제33조의 규정에 의한 신문발전기금의 조성과 운용에 관한 기본계
　　획의 심의 · 의결 및 동 기금의 관리 · 운용

　4. 제33조의 규정에 의한 신문발전기금 지원대상의 선정 및 지원기준
　　의 심의 · 의결

　5. 여론의 다양성 보장과 신문산업의 진흥을 위한 교육 · 연구 · 조사

　6. 그 밖에 위원회의 목적 수행을 위하여 필요한 사항

제32조(현행 30조) (위원회의 운영과 사무국의 설치 등)

① 위원회는 필요한 경우 문화관광부장관과 협의하여 직무를 처리하
　기 위한 소위원회를 설치 · 운영할 수 있다.

② 위원회의 운영을 위하여 필요한 예산은 신문발전기금 또는 국고
　에서 지원할 수 있다.

③ 위원회의 사무를 보조하기 위하여 위원회에 사무국을 둔다.

④ 그 밖에 위원회의 조직 및 운영에 관하여 필요한 사항은 대통령령
　으로 정한다.

제33(현행 31조) (위원의 대우)

① 위원장은 상임으로 한다. (신설)

② 위원회 위원은 명예직으로 한다. 다만, 예산의 범위 안에서 직무수
행에 필요한 경비 등 실비를 지급할 수 있다.

제40조(현행 37조) (신문유통원의 설립)

① 국민의 폭넓은 언론매체 선택권을 보장하기 위하여 신문유통원을
둔다.

② 신문유통원은 법인으로 한다.

③ 신문유통원에는 정관이 정하는 바에 따라 임원과 필요한 직원을
둔다.

④ 신문유통원은 다음 각 호의 사업을 행한다.

　1. 신문의 공동배달

　2. 잡지 및 기타간행물의 배달

　3. 신문수송의 대행

　4. 그 밖에 신문유통원의 설립목적을 달성하는 데 필요한 사업

⑤ 신문유통원의 운영에 필요한 경비는 국고에서 지원할 수 있다.

⑥ 신문유통원에 관하여 이 법에서 규정한 것을 제외하고는 민법의
재단법인에 관한 규정을 준용한다.

하지만 신문발전위원회를 문화관광부 소속으로 두는 것은
신문이 지닌 중요성을 지나치게 과소평가한 발상이다. 신문
유통원도 모든 신문이 공동배달로 이뤄질 수 있도록 규정하
는 것이 옳은 방법이다.

물론 언론연대가 개정안으로 내놓은 소유구조 제한과 편집
위원회 구성의 의무화도 국회를 통과하는 데는 어려움이 많

을 터이다. 분단공론장의 중핵인 신문자본가들의 거센 반발과 여론화, 헌법재판소의 위헌결정 가능성이 존재한다. 따라서 입법안이나 개정안만 내놓을 게 아니라 국민적 동의구조를 일궈내야 한다.

미디어 개혁의 법제를 개혁하는 과정에서 저널리즘 개혁과 미디어 공론장의 해방 논리를 적극 여론화해나가야 옳다. 저널리즘의 개혁, 미디어 개혁에 대한 사회적 공감대가 널리 형성되지 않는다면, 저널리즘 발전을 위한 입법조차 온전히 이루어지지 못한다는 게 이미 신문법 제정 과정에서 확인됐기 때문이다. 충분한 논의가 없을 때, 1장에서 보았듯이 언론개혁을 주장하는 노무현 정권이 방송통신 융합법안을 제출하며 미디어 산업 논리를 강조하는 현상마저 나타날 수 있다.[35]

따라서 '미디어 개혁 입법'의 목적이 한국 저널리즘, 미디어 공론장의 발전에 있음을, 그것이 한국 민주주의 성숙과 이어져있음을 분명히 하는 것은 입법의 설득력을 높이는 데 필요조건이다. 하지만 그것은 단순히 입법의 효용성을 높이는 데 목적이 있지 않다. 분단공론장의 대안인 해방공론장을 형성하는 과정에서 입법 못지않게 중요한 전략이 바로 여론이기 때문이다.

미디어 개혁에서 중요한 것은 사회구성원들의 여론이다. 특히 언론개혁처럼 당사자가 그것을 실체와 달리 정쟁의 대상으로 삼을 때는 여론의 향방이 더 중요하다. 미디어 개혁 논의가 그것을 정쟁화하려는 개혁 대상의 논리전개 틀에 휘말리게 될 때, 개혁의 본질이 흔들릴 수 있다.

따라서 미디어 개혁은 투명하고 정교하게 진행되어야 하며, 개혁의 과정 자체가 중요한 개혁 과제로 자리매김해야 한다. 이를 위해 이 책은 가칭 '미디어개혁위원회'를 대통령 소속 위원회로 구성할 것을 해방공론장의 구체적 정책 대안으로 제시한다.

미디어개혁위원회 구성하기

미디어개혁위원회의 존재는 단순히 미디어를 담당하는 또 하나의 '옥상옥'이 아니다. 미디어개혁위원회가 미디어 개혁의 여론을 수렴하고 형성해나가는 과정에서, 미디어에 대한 사회구성원의 인식이 새로운 통찰을 얻을 수 있기 때문이다. 미디어개혁위원회의 활동 과정에서 사회구성원들의 인식이 변화될 때, 분단공론장의 중핵인 언론자본을 개혁하는 입법도 더 확실하게 실현될 수 있다.

대통령 직속기구로서 미디어개혁위원회를 구성하는 정책 방안은 뜬금없어 보인다. 진보적 언론학계에서 국회에 '언론발전위원회'를 두자는 방안이 제시되기도 했지만 국회에 미디어개혁위원회를 두는 것은 대통령책임제도 아래서 위상이 약화될 수 있고, 무엇보다 위원회 자체가 정쟁의 소용돌이에 휘말려 전혀 제 기능을 못할 수 있다.

실제로 이런 우려가 현실로 나타난 적이 있다. 통합방송법 제정이 그런 과정을 거쳤다.

통합방송법 제정 논의는 1995년 김영삼 정권이 마련해 국회에 제출한 법안으로 시작됐다. 1999년 국회를 통과하기 전까지 정부안 두 건과 의원 발의안 세 건이 제출되었다. 소관 상임위원회에도 네 차례나 상정되었지만 여야 갈등으로 무산

되었다. 방송위원회의 위상과 권한, 구성방식을 둘러싸고 정치적 이해관계가 첨예하게 대립되었기 때문이다.

김대중 정권은 방송의 정치적 독립을 제도적으로 보장할 것을 요구하는 방송 현업인들의 목소리와 뉴미디어의 발달로 더는 방송법 제정을 미룰 수 없다고 판단해서 1998년 12월 대통령 직속 자문기구로 '방송개혁위원회'(방개위)를 한시적으로 구성했다. 여러 이해당사자와 현업 종사자, 연구자들로 구성된 방개위는 방송정책과 규제총괄기구로서 방송위 설립을 뼈대로 한 방송업안을 마련했고 그것이 통합방송법 제정에 밑그림이 되었다.

1999년 12월에 제출된 국회 문화관광위원회 방송법안 심사보고서에서는 방송의 독립 필요성에 대한 사회적 합의가 이뤄져 있는 점과 국민적 대표성을 지닌 대통령과 국회가 조직 구성에 관여하고 있는 점, 선진국의 경우 이미 오래 전부터 독립행정기구를 운용하고 있는 점을 강조했다. 공론을 통한 사회적 합의에 더해 법률전문가의 검토와 국회의 심의·의결을 통해 이미 방송위원회 출범 당시에 위헌성 문제는 충분히 논의됐으며 합헌이라는 판단과 공감 위에서 방송위가 출범했다는 것이다.

문제는 독립합의제 행정기구가 제 구실을 못하면서 방송위의 위상을 둘러싼 논란이 끊이지 않은 데 있다. 마침내 방송통신 통합과 관련한 입법 과정에서 노무현 대통령은 2007년 1월 신년기자회견을 통해 "(방통융합기구는) 국가의 행정작용이기 때문에 합의제 관청을 두더라도 그것은 최종적으로 대통령이 책임지는 정부에 속해야 된다"며 방송위를 "누구에게도 소속되지 않고 정통성에 뿌리가 없는 불투명한 기관"이라고 지목했고 다시 쟁점화되고 있다. 따라서 이 문제 또한 방송만의 차원을 넘어 미디어개혁위원회에서 포괄적으로 다룰 필요가 있다.

신문법을 포함한 방송통신융합까지 거론할 경우 미디어개혁위원회 구상은 새로운 전환점을 맞을 수 있을 것이다. 물론 2008년 2월에 출범할 정권의 성격이 큰 변수가 될 것이다. 하지만 대통령선거 과정에서 미디어 개혁을 새로운 틀로 의제화한다면 미디어개혁위원회 구성방안이 선거쟁점화됨으로써 선거 자체에 영향을 줄 수 있다.

대통령 직속기구의 형태로 제안한 것은 아니어도 언론학계 일각에서 저널리즘 개혁을 위한 논의의 장場을 만들어야 한다는 주장이 간헐적이지만 꾸준히 제기되어 왔다. 강명구(2005)는 '민주적 공론장을 위한 언론개혁위원회 구성'을 제안했다. 한국기자협회와 한국신문방송편집인협회가 주축이 되고 "언론학회와 같은 혹은 여러 학회가 연합한 전문가집단, 정당, 경영자와 노동조합, 시민단체가 참여"해 이를 통해 민주적 공론장의 철학적 기반뿐 아니라 법률적·제도적 개혁 방안을 마련하자는 구상이다.

강명구는 정파성의 문제로 논의가 왜곡당하는 것을 막기 위해서 위원회 활동은 차기 정부까지 지속되도록 하고 최종 보고서도 차기 대선 이후에 발표하자는 제안도 했다. 하지만 임기가 5년인 대통령제 아래서 차기 정부까지 지속하고 보고서도 차기 대선 이후에 발표하자는 것은 미디어 개혁의 절박한 현실에 비추어 지나치게 장기적이다.

정파성의 문제를 벗어나는 방법으로 주목되는 것은 이재경의 제안이다. 이재경(2004)도 위기 극복이 개별 신문이나 몇몇 언론인들만으로 가능한 일은 아니라면서 "기본적으로 우리 사회 전체가 언론과 공론영역의 가치와 그들의 존재원칙에 대해 함께 성찰하고 그로부터 언론에 관한 기본 철학과 행위기준을 이끌어내야 한다"고 강조한다.

이를 위해 "언론계와 정부, 정치학, 법학, 언론학 등 모든 관련 학문분야의 학자, 그리고 시민대표 등의 참여가 필요"하다고 주장한다. 이재경의 제안에서 특히 주목할 것은 전체 과정에 일반인들의 참여를 유도해 작업 자체가 전 국민의 교육과정이 되도록 추진하자는 대목이다.

미디어개혁위원회가 대통령 직속기구로 출범할 때, 그 목표는 물론 입법에 있다. 입법안을 마련하고 그것이 실제로 입법될 때 미디어개혁위원회는 그 임무를 완수한다. 하지만 미디어개혁위원회가 담당했던 몫을 맡아서 해나갈 상설조직이 필요하다. 그 또한 미디어개혁위원회의 활동 과정에서 구체화되겠지만 방송과 통신을 포함한 미디어 공론장 전반을 담당할 공적 기구를 내와야 한다.

입법을 통해 미디어 공론장의 민주화를 책임질 공적 기구를 우리는 가칭 '미디어위원회'로 제안할 수 있다. 미디어위원회는 기왕의 방송위원회와 신문발전위원회를 아우르고 통신이나 뉴미디어까지 종합적으로 담당해야 한다. 미디어위원장은 총리급이 적절하다. 결국 미디어개혁위원회는 개혁입법을 마련한 뒤 '개혁'의 이름을 빼고 미디어위원회라는 상설 법적 기구로 거듭나게 된다.

문제는 미디어 개혁의 입법 과정 자체가 개혁 과정이어야 한다는 데 있다. 입법 못지않게 여론, 공론화가 중요한 까닭이다. 미디어 개혁에 대해 부정적 여론, 그것도 사실과 다르게 확산되어가는 여론에 맞서서 진실에 바탕을 둔 여론을 형성하려면, 미디어개혁위원회의 구성과 활동 자체가 공론장이 되어야 옳다. 그 공론장에서 미디어 개혁을 공론화해나가고 민주주의 성숙을 위해 미디어 개혁이 왜 절실한가를 설득해나가야 한다. 바로 그 지점에서 해방공론장의 또 다른 전략인 미디어 교육의 중요성이 도출된다.

미디어 교육 개혁하기

언론학계와 언론 현장의 결합

미디어 교육의 중요성은 새삼 말할 나위가 없을 만큼 진부하게 들릴지 모른다. 미디어 교육의 절박성은 무엇보다 한국 저널리즘을 질적으로 높일 실천적 주체가 저널리즘 현장의 언론인들이라는 점에서 비롯된다. 언론학계에서 아무리 저널리즘 연구와 교육을 법적 기반이 강화되더라도 언론 현장에서 그것을 받아들이지 않을 때, 효과는 반감될 수밖에 없다.

따라서 저널리즘을 생산하는 편집국이나 보도국의 의사결정권자들을 구성원으로 하는 단체와 언론학계의 유기적 결합의 중요성은 더 말할 나위 없다. 한국 저널리즘이 단순히 '정파'나 '보수 대 진보'에서 갈등을 빚고 있는 게 아니라 저널리즘의 존재원칙이 근본적으로 흔들리고 있는 위기를 맞고 있음을 언론학계 차원에서 분명한 '메시지'로 한국신문협회(이하 신문협회)와 한국신문방송편집인협회(이하 편집인협회)에 전달해야 한다.

실체적 위기에 놓인 저널리즘을 살려내려면 기본윤리조차 지키지 못하는 저널리즘 현실에 대해 구체적 내용 분석과 성역 없는 비평이 학계에서 권장되고 활발하게 전개됨으로써 언론단체들과 소통을 이뤄야 한다.[36]

무엇보다 신문 소유주나 경영자들이 저널리즘의 위기를 실체 그대로 정확하게 인식할 필요가 있다. 언론광장(2004)의 설문조사에서 "언론이 사회적 약자를 대변하지 못하고 있다"고 응답한 기자들이 그 이유로 "회사의 당파적 보도 경향 때문"(40.9퍼센트)을 많이 꼽은 사실을 유념할 필요가 있다. "언론이 사회적 갈등 해소 기능을 못하고 있다"고 답한 기자들(76.9퍼센트)도 그 이유로 "회사의 당파적 보도 경향 때문"(64.9퍼센트)을 가장 많이 꼽았다. 한국 저널리즘을 진실과 공정의 존재원칙 위에 다시 세우는 과정에 언론사 최고 의사결정권자들의 각성이 필요한 이유가 여기 있다.[37]

신문협회와 편집인협회가 기자협회와 공동으로 제정한 신문윤리강령은 "사실의 전모를 정확하게, 객관적으로, 공정하게 보도할 것을 다짐한다"고 선언했다. 그들이 주도해 제정한 윤리강령에 오늘의 언론이 얼마나 충실한가를 스스로 짚어볼 수 있도록 학계가 '논의의 장'을 만드는 데 적극 나서야 한다. 이미 2002년부터 2005년 사이에 인터넷, 케이블, DMB의 확산으로 전통 미디어의 영향력이 줄어들었고, 이런 추세는 갈수록 커질 것이기에 더욱 그렇다(권기덕·김재윤, 2006).

전통적으로 산업으로서 미디어를 바라보는 미국에서도 최근 들어 저널리즘의 중요성을 강조하는 연구들이 이어지고 있는 것은 시사적이다(Cunningham, 2005;Gillmor, 2006; Kovach & Rosenstiel, 2001;McCollam, 2006;McNair, 1998; Merrill, 1997;Meyer,

2004). 미국의 미디어자산관리 및 투자전문가인 루더퍼드 Rutherfurd, James조차 "무엇보다도 신문업이 제조업이나 서비스업과는 전혀 다른 속성의 비즈니스이며 그 핵심 부문은 바로 편집 쪽이라는 사실을 이해하는 것이 중요하다"고 권했다 (McCollam, 2006).[38]

메이어(2004: 228~244)가 '저널리즘 살리기'의 방법으로 저널리즘 윤리의 정립을 제안했을 때 그것을 세울 주체도 신문사의 소유주나 주주들이 아니었음을 한국의 신문발행인들이나 편집인들이 인식할 필요가 있다. 미국 언론의 경영진이 "현장에서 뛰는 사람들, 곧 공익에 충실한 수많은 저널리스트들의 헌신적 노력에 기대"를 거는 이유에 대해 신문협회와 편집인협회의 열린 마음과 숙고가 요구된다.

신문협회와 편집인협회가 저널리즘 위기의 실체를 온전히 인식하고 근본적인 대책을 세우도록 '각성'시키는 데 가장 설득력 있는 논리를 제시할 수 있는 주체는 언론학계일 수밖에 없다. 진실과 공정이라는 기본윤리조차 지키지 못함으로써 [표 1] [표 2] [표 3]에서 보았듯이 수용자는 물론이고 기자들에게도 불신 받고 있는 한국 저널리즘이 스스로 '비판언론'을 자처하는 현실에 대해 언론학계가 일치된 비판에 나서야 한다.

언론학계와 언론인들이 유기적으로 결합할 때 미디어 개혁의 담론은 그만큼 더 성숙해질 수 있다. 그 문맥에서 볼 때 미국 언론계가 《The Elements of Journalism》을 펴낸 과정은 시사적이다. 1997년에 미국의 주요 신문사 편집인들, 텔레비전과 라디오 방송에서 영향력 있는 사람들은 언론학자들과 함께 미국 저널리즘이 제 구실을 못하고 있다는 데 뜻을 모으고, '저널리즘을 염려하는 언론인 위원회Committee of Concernd Journalists'를 구성했다. 그 뒤 3년 동안 3000여 명이 참석한 공개토론회를 21회나 열었고, 300명이 넘는 언론인들로부터 증언을 들었다. 저널리즘을 연구하는 학자들과 회의를 통해 '우수한 저널리즘을 위한 프로젝트'와 언론사言論史 연구를 진행했고, 그 결과를 책자로 발간했다(Kovach & Rosenstiel, 2001:10~12).

수용자들이 자신의 권리를 제대로 누릴 수 있고, 시대의 흐름을 정확히 이해해 대응해나가는 데 필수조건인 저널리즘을 정립하려면 언론학계와 언론계가 유기적 결합으로 저널리즘 위기를 극복하는 데 적극 나서야 하고, 그 출발점은 미디어 개혁의 철학을 정립하는 데서 출발해야 옳다.[39]

미디어 개혁은 '특정 신문 죽이기'의 문제가 아니라 한국 저널리즘, 더 나아가 공론장을 핵심으로 하는 민주주의 성숙의 문제임을 사회구성원들이 두루 인식해야 한다.

미디어와 민주주의 교육

미디어 개혁을 온전히 이루려면 공론화 과정에서 미디어 개혁에 대한 국민적 판단이 성숙해야 한다. 이를 위해서는 미디어 교육이 필수다.

미디어 교육을 위해서는 일차적으로 저널리즘을 교육하는 대학의 개혁이 필요하다. 사실 한국 저널리즘에 나타나고 있는 실체적 위기는 언론인들 자신의 책임이 일차적이고 결정적이지만, 저널리즘 현상을 연구하는 언론학의 책임도 적지 않다. 사회과학으로서 언론학이 사회 현상의 하나로서 언론 현상에 대해 문제를 분석하고 해결 방안을 모색하는 것은 본연의 일이다. 하지만 언론학계에서 저널리즘 연구는 시나브로 약화되고 있다.

저널리즘 연구가 약화되는 징후는 한국신문학회가 1985년 한국언론학회로 이름이 바뀌고 1992년 제27호부터 《신문학보》가 《한국언론학보》로 바뀌면서 나타나기 시작했다. 기존의 '저널리즘' 전통에서 매스커뮤니케이션으로 개념을 '확대'하는 전환 과정은 새로운 미디어의 등장과 그들의 산업화와 밀접한 연관성이 있다(최창섭, 1997:14).

그 후 해가 거듭될수록 경제적 가치에 따라 미디어 산업이 재편되고, 그에 따라 미디어가 필요로 하는 인력시장의 수요가 대학 언론학과의 커리큘럼에도 변화를 불러왔다. 그 결과, 저널리즘 분야보다 '산업 수요'가 많은 텔레비전, 광고, 뉴미디어와 관련된 연구가 대학에서도 환영받기 시작했다. 한국언론학회가 연간 2회 이상 간행해온 《언론학보》에 1995년부터 2003년 10월(통권47-6호)까지 게재된 총 논문편수 207편 가운데 언론윤리가 주제인 논문이 단 한 편도 없는 사실(김지운, 2004: 13)은 많은 것을 설명해준다.

저널리즘 연구의 위축은 그대로 대학에서 저널리즘 교육이 약화되는 것으로 이어진다. 충격적인 현실이지만 커리큘럼에 한국 언론사言論史가 아예 없는 대학마저 있는 게 그 단적인 보기다. 물론 언론학과의 교육이 언론현장과 동떨어져있다는 지적은 오래 전부터 제기되어 왔다.

송건호(1974)는 '훌륭한 언론인'을 길러내기 위해 언론학과의 "강의 목적은 사회와 인간을 보는 눈을 기르는 것이 되어야 한다"면서 커리큘럼에 일대 개혁을 촉구했다. 교과 과정의 3분의 2를 사회과학 강좌로 채우고, 저널리즘 실무교육에 충실해야 한다고 주장한다.

여기서 교과 과정의 3분의 2가 '사회와 인간을 보는 눈을 기르는 것'이어야 한다는 송건호의 제안은 진실과 공정이라는 저널리즘의 철학을 함양하는 방법이라는 점에서 저널리즘 실무 교육의 연장선에 있다고 볼 수 있다.

이강수(1973/2000)는 일관되게 언론학 교육의 문제점을 지적해왔다. 미국과 일본에서도 "언론학 교육의 일차적 목표는 전문직 언론인 양성에 있다"면서 한국 언론학의 현실을 비판했다. 이강수는 1973년에 발표한 논문과 2000년에 발표한 논문 사이에 차배근(1989)의 논문이 같은 주장을 했는데도 "교육의 방향설정 문제, 신문방송학 커리큘럼 문제, 실무 담당 교수 문제, 실무실습 등 교육시설 문제"는 달라지지 않았다고 개탄

한다. 문제는 대학에서 저널리즘 위축의 흐름이 새로운 미디어들의 폭발적 증가로 더 가속화하는 데 있다.

그나마 다행인 것은 '교육 재편'의 논의가 간헐적으로 제기되어왔다는 점이다. 이민규(2001)는 신문방송 교육의 특성화 방안으로 '인문학적 기본교육의 강화'를 꼽았다. 현실 적응에 필요한 자신의 의사표현 능력 배양과 철저한 윤리의식, 기본적인 지적 능력의 향상을 위해 인문학적 소양교육이 무엇보다 중요하다는 것이다.

실습교육 확대에도 동의하지만 통념적으로 이야기하는 하드웨어 인프라 위주의 교육이 제대로 된 실기교육이라는 고정관념은 벗어나야 한다고 강조한다. 기본적인 언론인으로서의 자질과 소양을 개발하는 소프트웨어 인프라 위주의 실기교육이 예비 언론인으로서 상상력과 창의성을 키워내는 데 더 효과적일 수 있다는 것이다. 앞서 본 송건호의 제안과 같은 맥락이다.

이재경(2005)은 미국의 대학뿐 아니라 홍콩과 싱가포르의 대학과 비교해도 경쟁에서 떨어지는 한국 대학의 커뮤니케이션학 전공구조를 근본적으로 바꿔야 한다고 역설한다. 특히 교과 과정을 바꾸는 구체적 방향까지 제시했다. 저널리즘의 철학과 역사, 그리고 언론윤리 과목과 법률제도에 관한 과목들을 '필수 이론과목'으로 설치하고, 언론의 현장을 체험하면서 자신의 기사를 축적할 수 있는 현장실습 과정도 정규과목

으로 제공해야 한다는 제안은 언론학계에서 진지하게 논의해 볼 사안이다.[40]

 "언론계에서 유능한 기자로 이름을 떨치고 있는 기자의 대부분은 신문학과가 아닌 다른 인문·사회과학계 졸업생에서 많이 배출되고 있다"는 송건호(1974)의 지적이 30여 년이 흐른 오늘도 여전히 확인되고 있는 것은 저널리즘 교육이 제자리 걸음을 하고 있다는 진단에 무게를 실어준다.

 물론 미디어 교육은 대학만의 문제에 그치지 않는다. 대학의 구조로 볼 때 대학교육의 개혁 가능성을 대학에 맡겨둘 수만도 없다. 미디어개혁위원회가 미디어 교육의 개혁까지 공론화해나가고 방향 설정에 나서야 한다. 미디어개혁위원회가 적극적인 의지를 보이지 않을 때 미디어 교육의 개혁은 어렵다고 해도 결코 지나친 말이 아니다.

 대학에서 언론학과의 저널리즘 교육 못지않게 중요한 것은 교양과목으로서 미디어 교육이다. 미디어 교육은 대학생이라면 누구나 들어야 할 전공 필수과목이 되어야 한다. 대학을 졸업하고도 미디어에 대한 비판적 독해가 없다면 민주시민으로서 기본 상식을 결여했다고 판단해야 옳다.

 대학에서 미디어 교육의 교양과목화가 필요하듯이 초·중·고등학교의 교과 과정에도 미디어 교육이 정규과목으로 채택되어야 한다. 현대사회에서 미디어의 중요성이 날로 커지기 때문이다. 초·중·고등학교에서 하는 미디어 교육은 잠재적 신문독자를 확보하려는 데 주목적이 있는 신문교육운동NIE을 뛰어넘어야 한다. 대학 저널리즘 교육의 변화는 초·중·고등학교에서 미디어 교육을 할 교사 양성을 위해서도 중요하기 때문에 서로 유기적으로 연관되어 있다.

미디어 교육은 그것이 민주주의의 성숙과 곧바로 직결되기 때문에 중요하다. 어느덧 상식처럼 들리지만 현대 민주주의 사회를 미디어크라시mediacracy라 부르는 의미를 곰곰 따져볼 필요가 있다.

두루 알다시피 미디어크라시는 미디어media와 데모크라시democracy의 합성조어다. 민중demos과 지배kratos의 합성어인 데모크라시에서 민중demo의 자리에 미디어가 들어섰음을 드러낸 것으로 현대의 정치, 현대의 민주주의는 '미디어가 중심이 된 민주주의'라는 뜻이다. 따라서 미디어가 폭증하는 시대, 더구나 그것이 자본의 논리에 굴절되는 시대에 미디어에 대한 올바른 인식은 민주주의 발전의 기본 전제다.

미디어 개혁은 미디어 교육의 개혁으로 이어져야 하고, 미디어 교육의 개혁은 미디어 개혁을 더 진전시키는 것으로, 개혁의 선순환구조를 이룰 수 있다. 같은 맥락에서 미디어 개혁 입법은 미디어 개혁 여론을 더 확산시킬 것이고, 미디어 개혁 여론의 확산은 미디어 개혁 입법을 더 진전시키는 선순환구조를 이룰 터이다. 선순환의 과정으로 해방공론장은 그만큼 더 가까이 다가올 게 분명하다.

김대중-노무현. 두 '개혁정권'의 미디어 정책이 실패한 사실에서 시작한 우리는 지금까지 제법 먼 길을 걸어왔다. 먼저 미디어 폭발시대에 미디어 공론장이 위기를 맞고 있는 역설적 현상과 관련해 선행 연구들을 검토한 뒤, 위기의 실체가 어디에 있는가를 저널리즘의 '존재원칙'에 근거해 파악했다.

이어 우리 시대의 주요 의제agenda인 북미 핵문제와 사회적 약자 문제에 대한 보도와 논평에서 한국 언론은 진실과 공정이라는 저널리즘의 기본윤리에 어긋나고 있음을 분석했다. 결국 저널리즘의 위기는 '미디어 급증 속에 수용자 복지 훼손'이라는 뒤틀린 현상으로 나타날 수밖에 없음을 살펴보았다.

그럼에도 미디어 개혁 논의가 정파성의 틀에 갇혀 정쟁으로 치달을 뿐 생산적 토론을 벌이지 못하고 있는 것은 우려스럽다. 따라서 미디어 개혁의 담론과 실천이 정쟁의 틀에서 맴돌고 있는 상황을 벗어나려면 기존의 틀을 재구성할 필요가 있다.

분단공론장은 바로 그 미디어 개혁의 틀을 재구성하기 위한 전략적 개념이다. 밖과 위로부터 형성된 분단공론장이라는 새로운 틀로 바라볼 때, 우리는 한국 저널리즘이 민족위기와 민중위기를 모르쇠하거나 왜곡하는 현실과 그 원인을 더 정확하게 파악할 수 있다.

기실 한국 미디어 공론장의 실체적 위기는 역사적 전개 과정에서도 확인할 수 있다. 흔히 미디어 수용자라고 하는 독자와 시청자의 시각에서 볼 때 위기는 결코 최근에 일어난 현상이 아니기에 더 그렇다.

한국 저널리즘이 수용자들로부터 얼마나 불신을 받았는가는 몇몇 상징적 사건들이 웅변해준다. 1960년 4월 혁명 때 신문사가 불탔던 사실, 1980년 5월 항쟁 때 방송사가 화염에 휩싸였던 사실, 1987년 6월 항쟁의 한복판에서 신문사에 돌이 날아든 사실은 저널리즘의 위기가 어느 정도였는가를 입증해준다.

꼭 정치권력의 전환기만은 아니었다. 1970년대 대학가에서 언론 화형식이 벌어진 사실이나 1980년대에 전 국민으로 퍼져갔던 'KBS 시청료 거부운동'은 저널리즘의 기본윤리를 지키지 못하는 언론사에 수용자인 민중의 분노가 어느 정도였는가를 실증해준다.

1987년 6월 항쟁 뒤 미디어들은 정치권력의 통제로부터 벗어났지만 보수적 언론인단체인 관훈클럽이 낸 보고서조차 강조하고 있듯이 한국 저널리즘은 여전히 냉전논리의 틀로 남북관계와 한미관계를 보도하고 있다. 더구나 정치권력의 빈자리에 자본의 논리가 들어서고 뉴미디어들의 폭증으로 산업논리가 강화됨으로써 노동자와 농민을 비롯한 사회적 약자에 대한 외면은 과거와 달라지지 않았거나 더 극심해졌음을 확인할 수 있다.

그래서다. 한국 미디어 공론장의 위기, 저널리즘의 위기론이 논의되는 까닭은. 역설이지만 위기론의 공론화는 그만큼 미디어 수용자인 민중의 의식이 보편적으로 성숙했음을 뜻한다.[41] 한국 저널리즘의 전개 과정에서 큰 흐름이었다고 해도 결코 지나치다고 할 수 없는 '실체적 위기'가 비로소 분단공론장의 구조적 개념으로 온전히 드러난 것은 그 자체가 사회구성원들의 의식이 성숙해가는 과정이다.

분단공론장을 넘어 해방공론장을 내오는 전략으로서 입법과 여론의 중요성도 다른 데 있지 않다. 거듭 강조하거니와 미디어 공론장의 핵심기제인 저널리즘의 목적이 "사람(수용자)들이 자유로워지고 자신을 스스로 통제하는 데에 필요한 정보를 제공하는 것"(Kovach and Rosenstiel, 2001:12)임에 비추어 볼 때, 그 기능을 제대로 못하는 저널리즘의 문제점은 단순히 사회적 약자뿐 아니라 궁극적으로 미디어 수용자인 사회구성원 모두의 피해로 귀결될 수밖에 없다.

여기서 우리는 "뉴스와 여론을 수집하고 전파하는 가장 큰 목적은 국민에게 그 시대의 문제가 무엇인가를 알려주고, 그에 대해 판단할 수 있게 함으로써 전체적 번영에 봉사하기 위한 것"이라는 미국 신문편집인협회 윤리강령의 제1조를 거듭 새겨볼 필요가 있다. 물론 미국 신문편집인협회가 그 윤리강령을 얼마나 실제로 구현하고 있는지는 전혀 다른 문제다.

중요한 것은 미국 언론계 내부에서 저널리즘에 대한 철학적 성찰이 지속되고 있다는 점이다. 만일 한 사회의 구성원들이 저널리즘을 통해 자신이 살아가고 있는 사회에서 무엇이 문제인가를 알지 못하게 되거나 그에 대해 오판을 내릴 가능성이 높도록 일방적 정보만 제공받는다면 그것은 민주주의 발전에 치명적 위협이 될 수밖에 없다.

따라서 미디어 개혁의 문제는 곧장 민주주의의 핵심으로 이어진다. 무릇 민주주의란 군주제나 귀족제와는 달리 민중이 지배하는 정부rule by the people 형태를 말한다(Held, 1987).

이는 하버마스가 "법적 공동체의 민주적 자기조직"(1992, 17)을 궁극적 지향점으로 삼은 것과도 맥락을 같이 한다. 하버마스는 사회 전체를 일상적 삶의 마당에서 정치적 제도에 이르는 하나의 거대한 담론적 절차로 파악해 '숙의민주주의 deliberative democracy'를 제안했다. 민주적 자기조직으로서의 법적 공동체와 숙의민주주의에서 가장 중요한 조건은 미디어 공론장일 수밖에 없다. 민중이 미디어 공론장에서 충분한 의사소통[42]과 토론을 통해 민주주의 사회를 성숙시켜나간다면, 국민직접정치의 오랜 꿈도 결코 불가능한 것은 아니다.

20세기 말의 과학기술 혁명과 그 열매인 커뮤니케이션 수단의 발달로 명실상부하게 '지구촌'이 형성되고 한 나라의 모든 국민이 주요 국정과제에 대해 실시간으로 의견을 교환하는 게 가능해진 사회에 우리는 살고 있다.

이를테면 인터넷으로 다중접속이 가능해짐으로써 시공간의 제약을 떠나 수백, 수천만의 의사가 단시간에 모일 수 있다. 국민직접정치를 구현하는 데 결정적 제약 조건이 사라진 것이다. 이미 스위스에서 진행된 인터넷 국민투표는 국가적 단위에서 효율적으로 국민의사를 집결해 낼 수 있다는 것을 증명하고 있다. 우리가 정치에서 직접민주주의를 실현할 수 있는 조건이 성숙하고 있는 것이다.

한국 진보세력의 '싱크탱크'인 새로운 사회를 여는 연구원이 새로운 사회의 정치대안으로 국민직접정치를 제안(2006)한 이유도 여기에 있다. 물론 국민직접정치가 구현되려면 개개 사회구성원들이 최소한의 정치의식을 지녀야 한다는 전제가 충족되어야 한다. 그 전제 조건을 갖추려면 적어도 미디어 공론장에서 사회구성원들의 정치의식을 조직적이고 일상적으로 왜곡하는 미디어에 대한 비판적 인식이 필요하다.

우리가 이미 분석했듯이 미디어들이 사회적 약자들을 실천스레 배제하며 신자유주의를 '글로벌 스탠더드'로 선전하고, 분단현실과 통일의 시대사적 과제를 '햇볕론'과 '퍼주기론'의 정쟁 틀에서만 논의하는 것은 새로운 사회의 꿈을 원천적으로 가리트는 일이다.

하지만 비관할 일은 결코 아니다. 이미 한국의 시민사회는 4월 혁명(1960)과 5월 항쟁(1980), 그리고 6월 항쟁(1987)을 거치면서 크게 성숙했다. 분단공론장의 중층구조가 언제까지 지속될 수 없는 가장 큰 이유다. 6월 항쟁 뒤 구조 변동기에 들어선 분단공론장을 해방하는 길, 그것은 국민직접정치를 구현해나가는 과정이다.

무엇보다 먼저 정파성에 갇혀있는 미디어 개혁론이 틀 전환frame transformation을 통해 민중과 민족의 희망을 체현해나가는 숙의의 마당을 일궈가야 한다. 우리는 앞서 4장에서 민중위기와 민족위기를 다루면서 민중위기를 노동의 창조성에 밑절미를 둔 '노동창조경제'로, 민족위기를 '통일민족경제'로 극복해나갈 수 있음을 살펴보았다.

우리가 부닥친 위기를 새로운 사회로 가는 기회로 바꾸려면, 미디어 공론장에서 깊이 있게 토론하는, 곧 숙의가 필요하다. 미디어 공론장에서의 숙의는 그 자체가 여론화 과정이자 국민직접정치를 실험하는 마당이기도 하다. 생활정치이자 생활인들의 정치생활인 것이다.

새로운 사회를 여는 연구원이 〈이스트플랫폼〉(http://www.eplatform.or.kr)을 생활인들의 깊이 있는 토론 마당으로 연 이유도 여기에 있다. 〈이스트플랫폼〉은 '생활세계'에 근거해 단순한 현실비판을 넘어 새로운 사회의 구체적 정책 대안을 생활인들과 더불어 구현해나간다는 점에서 인터넷 미디어시대가 나아갈 방향을 선구하고 있다.

미디어 개혁 과정은 미디어가 깔아놓은 허위의식을 사회구성원 스스로 극복해나가는 과정인 동시에, 새로운 사회의 주체를 형성해나가는 과정이다. 새로운 미디어가 새로운 사회를 열어가고, 새로운 사회는 새로운 미디어를 영글어 갈 터이다.

1 여기서 굳이 정권이라는 말을 사용하는 이유를 밝혀두고 싶다. 정치
인 김대중과 노무현을 무조건 지지하는 사람들이 '정권'이라는 말
자체에 거부감을 느끼기 때문만은 아니다. 지식인 사회에서도 더러
정권이라는 말은 '군사정권'이라는 용법처럼 정당성이 없을 때에 쓰
는 것이라고 주장하는 사람들이 있기 때문이다. 하지만 사실상 행정
부에 그치는 좁은 개념의 정부보다 정권이라는 개념이 더 그 시대 집
권세력의 성격을 포괄한다. 가령 특정 정권은 행정부만 장악하는 것
이 아니라 입법부의 여당과도 밀접한 관련을 맺고 폭넓게 정치적 활
동을 펼쳐나가기 때문이다.

2 언론사 세무조사를 김대중 정권이 처음 실시한 것은 아니다. 이미 김
영삼 정권이 1994년 14개 언론사를 상대로 세무조사를 전격 실시했
었다. 하지만 그 결과는 공표하지 않았다. 대통령 퇴임 뒤 김영삼 씨
는 자신이 세무조사 결과를 공개하지 않은 이유는 국민들이 충격을
받을까 우려해서였다며 신문사의 탈세 규모를 대폭 축소해줬다고
밝혔다. 반면에 김대중 정권은 세무조사 결과를 공개했으며, 언론사
에 거액의 추징금이 부과되고 사주가 구속되었다.

3 동아일보 김병관 전 명예회장은 세무조사 결과 43억여 원의 세금을
포탈하고 회사자금 18억여 원을 횡령한 혐의로 2001년 8월 구속기소
됐다가 건강상의 이유로 10월 구속집행정지 결정을 받고 풀려났다.
1993년부터 대표이사 회장 겸 발행인으로 활동한 김병관은 세무조
사가 시작되던 2001년 2월 명예회장이 되고 오명 전 사장이 발행인
이 되었다. 이어 김병관은 세무조사 결과와 관련해 검찰의 소환조사
를 앞둔 2001년 7월 명예회장과 이사직을 모두 내놓고 전격 퇴진했

다. 이어 2002년 2월 1심에서 징역 3년 6월 및 벌금 45억 원을 선고받
았지만, 재판부는 횡령 금액을 모두 채웠고, 수사가 시작되기 전에
법인 회계를 정상화한 점, 고령의 나이에 이 사건과 관련해 아내의
자살로 아픔을 겪은 점들을 고려해 법정구속은 하지 않았다. 김병관
은 항소심에서 징역 3년에 집행유예 5년 벌금 30억 원이 선고됐고,
2006년 6월 상고심에서 원심이 확정됐다. 동아일보는 현재 김학준
사장이 발행인과 편집인을, 김병관의 아들인 김재호 부사장이 인쇄
인을 각각 맡고 있다.

중앙일보 홍석현 회장은 1999년 9월 그가 대주주로 있던 보광그룹에
대한 국세청 세무조사에서 일가와 함께 262억 원을 추징당했다. 조
세범처벌법 위반으로 고발된 홍석현에 대해 검찰은 특가법위반(조세
포탈) 혐의로 구속기소했다. 홍 전 회장은 그 해 10월 발행인과 편집
인 자리를 각각 금창태 전 고문과 이제훈 전 부사장에게 물려줬다.
홍석현은 1999년 12월 1심에서 특가법상 조세포탈죄 등이 적용돼 징
역 3년에 집행유예 5년 및 벌금 38억 원을 선고받았다. 2000년 2월
서울고법은 홍석현에게 징역 3년에 집행유예 4년 및 벌금 30억 원을
선고했고, 대법원은 2000년 5월 "홍 전 회장이 모친에게서 가·차명
주식을 증여받고도 그에 대한 증여세를 포탈한 사실이 인정된다"며
상고를 기각했다. 그러나 김대중 정권은 곧바로 8.15 특별사면·복
권 명단에 홍석현을 포함했다. 홍석현은 2002년 3월 세무조사 사건
으로 발행인 직을 내놓은 지 2년 4개월 만에 세계신문협회 회장 취임
을 앞두고 다시 복귀했다. 이어 2005년 2월 주미대사로 공식 임명되
면서 다시 회장과 발행인 자리를 내놓았다. 하지만 1997년 대선 당시
삼성그룹의 대선후보 불법정치자금 제공에 개입했다는 'X파일'이
공개되면서 5개월 만에 주미대사 직에서 사퇴했다. 그리고 2006년
12월 다시 중앙일보 회장에 복귀했다.

4 언론개혁 논리가 정쟁의 대상으로 추락하고 이른바 개혁을 내건 집
권세력의 논리조차 정치적인 상황에서 처음부터 언론개혁에 부정적
이었던 한나라당의 논리는 더 정략적일 수밖에 없다. 가령 한나라당
의 유력한 대통령 후보 이명박은 미디어 산업 선진화포럼 창립식
(2007년 1월 22일) 축사에서 "문화콘텐츠 산업은 10~20년 후에도 계

속 발전할 수 있는 분야"라고 말했다. 이 전 시장은 문화콘텐츠 산업
에 대해 "국가적, 전략적, 체계적으로 잘 지원한다면 우리나라가 빠
른 시간 안에 전 세계적으로 크게 성장할 수 있을 것"이라고 전망했
다. 미디어를 산업으로 보는 전형적인 논리다.

미디어 산업 선진화포럼은 취지문에서 "미디어는 고부가가치 산업
으로 우리나라 경제에 새로운 성장 동력으로 기대되고 있다"며 "왜
곡된 미디어 산업 정책에 대한 건설적 비판과 올바른 정책 제안·홍
보에 주력하겠다"고 활동방향을 제시했다. 더 나아가 미디어 산업
선진화포럼은 신문법을 "특정 성향의 신문에 한정된 재정 지원은 명
백한 차별 행위"라며 "신문발전위원회와 신문유통원은 원천 폐지해
야 할 대상"으로 여긴다. 방송산업에 방송의 논리를 너무 내세우지
말라는 세력에게 '반시장적'이라고 되레 공세를 퍼붓는 현실, 신문
법 폐지가 미디어 선진화의 방안이라는 논리는 미디어정책의 선진
은커녕 퇴행일수밖에 없다.

5 공론장은 하버마스의 개념 'öffentlichkeit'를 옮긴말이다. 영어권에
서도 이를 'public sphere'나 'public realm'으로 옮기듯이 통일되어
있지 않다. 무엇보다 개념 자체가 생소하기 때문이다. 국내 번역에서
도 혼동이 있다. 가령 김용직은 〈한국 민족주의의 기원; 정치운동과
공공영역〉이란 논문(사회비평, 11호, 1994)에서 '공공영역'으로, 이신
행은 〈하버마스의 공공권역, 1987년의 정치변동, 그리고 새로운 정
당성의 형성〉 논문(사회비평, 12호, 1994)에서 '공공권역'으로 옮겼다.
아울러 이를 번역하면서 김용직은 공공영역을 "여론이 형성되는 사
회적 생활의 장"이라 했고, 이신행은 공공권역을 "사적 개인들로 하
여금 공적인 문제에 대해 그들의 '이성'을 사용하게 만드는 기제와
더불어 나타난 제도"라고 풀이했다.

이 책에서는 공론장으로 옮겼다. 이미 학계와 언론계에서 공론장이
란 말이 광범위하게 사용되고 있거니와 'öffentlichkeit'가 제도적으로
고착된 특정 영역으로 한정되기보다는 '사적 개인으로서의 공중이
논의하여 여론을 형성하는 마당'이라는 의미에서 장場의 개념과 '토
론하고 논의한다'는 개념으로서 론論을 아우른 '공론장'이 적합하다
는 한승완의 주장에 설득력 있기 때문이다(하버마스, 1962/2001, 13).

하버마스 자신은 《공론장의 구조변동》에서 공론장을 자본주의 발전
과 함께 등장한 근대 유럽의 시민사회에서 이분화된 국가와 시민사
회 사이에 위치하며 둘 사이를 매개하는 영역이라고 규정하고, 아래
와 같은 도표를 제시했다(하버마스, 1962/2001, 98). 하버마스의 공론장
개념에 대한 기초적 논의는 손석춘(2005, 6~14)을 참고하길 바란다.

사적 부문		공권력의 영역
부르주아 사회 (상품교환과 사회적 노동의 영역) 핵가족의 내부 공간 (부르주아 지식인)	정치적 공론장 문예적 공론장 (클럽, 신문) (문화적 재화시장) '도시'	국가 (내부행정의 영역) 궁정 (궁정 · 귀족사교계)

6 미디어 폭증 속에 저널리즘 증발 현상에 대해서는 손석춘(2006a)의
논문을 참고.

7 인터넷의 영향으로 온라인에 진출한 신문사들도 T-페이퍼Televi-
sion-paper나 E-페이퍼Electronic-paper에 관심을 쏟고 있다(김택환,
2005). T-페이퍼는 대형 벽걸이 TV 등을 이용한 신문이며 E-페이퍼
는 무선 인터넷을 이용한 이동형 신문이다.

8 이민웅은 한국 저널리즘을 부정적으로 분석하면서, 평가 기준으로
민주사회에서 언론이 담당한 역할을 세 가지로 제시했다. 그 기준은
첫째, 언론은 물리적 · 사회적 환경, 특히 권력을 감시하고 비판해야
한다. 둘째, 언론은 지식과 정보로 무장된 건전한 비판의식을 갖춘
시민을 형성하는 역할을 해야 한다. 셋째, 언론은 민주사회의 정통성
의 토대가 되는 건전한 여론을 형성하는 공론장의 역할을 해야 한다.

이민웅이 한국 언론의 문제점을 네 가지로 분류한 가운데 첫째로 꼽
은 "객관성 · 공정성과 관련된 비판"에 대해 든 예를 살펴보면 다음
과 같다. "1. 오보 및 왜곡보도, 심지어 속임수 보도 2. 불공정 보도:
특정 정치권력, 경제세력, 사회집단에 대한 편향보도 3. 정실주의 보
도 4. 기회주의적 양시양비론 5. 내용의 진실성이나 타당성을 무시한
채 뉴스원만을 이용하여 보도하는 형식적 객관주의" (2003: 94).

9 　물론 정보통신 기술의 발달로 미디어가 폭증하면서 누구나 저널리스트가 될 수 있는 시대가 되었기에 저널리즘 윤리를 낡은 문제로 여길 수도 있다. 하지만 바로 그런 시대이기에 오히려 저널리즘의 기본 윤리는 더욱 강조되어야 한다. 길모어가 제기했듯이 "언론사와 독자 또는 시민 사이에서 활발하게 전개되는 정보의 쌍방향 교류 중 속임수, 오류, 또는 거짓 장난의 내용이 있다면 이를 누가 어떻게 걸러내거나 단속할 것인가?"라는 문제를 피할 수 없기 때문이다.
그 물음에 길모어의 대답은 낙관적이다. 길모어는 취재보도나 뉴스 제작에 많은 사람들이 참여하면 할수록 신뢰성과 정확성은 높아질 것이라고 생각한다. 정보나 관점을 제공하는 사람이 늘어나면 늘어날수록 오류나 속임수가 제거될 가능성이 그만큼 커지기 때문이라는 분석이다. 하지만 길모어의 낙관에는 전제가 있다. "이들 새로운 저널리스트가 미디어 윤리와 전문성 그리고 공공의 신뢰에 부응하는 일이 얼마나 중요한 것인가를 제대로 인식하고 존중하게끔 도와주는 것"이 그것이다(Gillmor, Dan. 2006). 결국 풀뿌리 저널리즘Grassroots Journalism의 관건도 저널리즘 윤리의 보편적 확산에 있다.

10 　제13회 세계편집인 포럼을 겸한 모스크바 총회는 신문산업이 현 위기를 극복하기 위해선 무엇보다 양질의 저널리즘을 회복해야 한다는 데 의견을 모았다. 독일에서 가장 큰 신문사인 엑슬 스프린거의 마티아스 뒤프너 회장은 퀄리티 페이퍼를 지향하는 신문이 생존력을 가질 것이라고 강조했다. 뒤프너 회장은 또 인쇄냐 인터넷이냐가 중요한 것이 아니라 저널리즘의 본연만 지켜낸다면 신문산업으로 다양한 수익을 창출할 수 있다고 지적했다(한국기자협회, 기자협회보, 2006년 6월 21일자).

11 　미국 언론계의 공동연구 결과물인 《The Elements of Journalism》도 '사람들이 자유로워지고 자신을 스스로 통제하는 데에 필요한 정보를 제공하는' 저널리즘의 첫 번째 의무로 '진실 추구'를 제시했다(Kovach and Rosenstiel, 2001: 36~49).

12 　김지운은 세계 6대륙, 세계 주요 종교를 배경으로 한 언론윤리학자들을 비롯한 학자들의 연구서, 유럽을 중심으로 한 20~30개국의 언

론직업단체 및 유수 언론기관들의 윤리강령-요강 분석, 종교와 인종과 문화를 달리하는 24명의 서면설문들을 바탕으로 '글로벌시대의 보편적 언론윤리'로서 네 가지 항목을 제시했다(2004, 148~150). 진실, 공정, 민주주의, 인권이 그것이다.

민주주의와 인권은 진실과 공정이 구현되는 사회라면 자연스럽게 뒤따르는 가치라는 점에서 김지운의 분류는 미국 신문편집인협회의 윤리강령 1조에서 연구자가 추출한 가치에 보편 타당성을 더해준다. 실제로 진실과 공정이 저널리즘의 기본윤리라는 데는 반론을 제기하기 어려울 만큼 이미 보편적 가치로 받아들여지고 있다. 굳이 따지자면 진실이나 공정의 구체적 내용을 어떻게 규정하는 데 문제가 있을 것이다.

13 여기서 '한국 저널리즘'의 개념을 명확히 해둘 필요가 있다. 이 논문에서 보기로 분석할 주요 사안에 한국의 모든 저널리즘이 반드시 일치된 보도와 논평을 해온 것은 아니기 때문이다. 흔히 말하는 보수 매체와 진보 매체 사이에 차이는 분명히 있다. 하지만 이 논문에서 매체별로 구분하지 않고 한국 저널리즘이라는 보편적 개념으로 분석한 이유는, 특정 신문 한두 개를 제외한 모든 신문과 방송에서 정도의 차이만 있을 뿐 뚜렷하게 공통된 현상이 나타나기 때문이다.

이 논문의 후반부에서 인용하겠지만, 한국언론재단이 2년마다 정기적으로 조사하는 '수용자 의식조사'도 한국 언론 전반의 신뢰성과 공정성을 묻고 수용자도 그 문항에 따라 보편적으로 한국 저널리즘을 평가해 답하고 있다. 실제로 한국 저널 리즘은 특정 매체의 차이를 넘어서 전반적으로 불신 받고 있다. 다만 이 논문의 전개 과정에서 근거로 제시한 참고문헌들은 매체별로 구분해 분석한 연구들을 선택함으로써 논리적 타당성을 담보했다.

14 언론현업인 3단체인 전국언론노동조합, 한국기자협회, 한국방송프로듀서연합회가 해방 50돌을 맞아 공포한 통일언론실천선언(1995)의 보도실천요강에 따라 이 논문에서는 '북한'을 정식 국호인 조선민주주의인민공화국으로 표기했다. 하지만 다른 나라와의 관계를 표기할 때는 남북관계의 특수성을 의식해 '남북 대화'나 '북미관계'

처럼 '북'으로 표기했음을 밝혀둔다.

15 리영희는 "수구보수 언론들이 이러한 명칭을 잘못 사용함으로써 대중의식을 마비시키고 왜곡시키는 사례가 반복되고 있다"고 지적하면서 "미국의 이라크 침공 이후 부시 대통령의 명분과 명칭 또한 조작과 왜곡된 경우"라고 비판했다(리영희, 2005).

16 조선민주주의인민공화국 외무성 성명 전문은 2005년 2월 10일 연합뉴스에 실렸다.

17 북미 핵문제에 대한 구체적 내용분석으로는 양문석(2003)과 손석춘(2005b)의 연구가 있다. 양문석은 KBS를 비롯한 방송보도가 "사실 여부를 따지지 않은 채 미국 '매파' 취재원의 발언만 전달"한 반면에 이북에 대해서는 적대적 보도태도를 드러냈다고 분석했다. 1994년 합의된 제네바협정을 미국이 위반한 문제에 대해서 방송3사는 침묵으로 일관하면서 모든 책임이 마치 북쪽에 있는 것처럼 국민들을 호도했다는 것이다. 양문석은 북미간의 갈등이 일차적으로 미국에 있음을 사실대로 보도하는 방송뉴스가 거의 없었다는 점은 북미간의 갈등 구도를 어떻게 보도할 것인가에 결정적인 영향을 끼칠 수밖에 없다고 지적했다.

18 2003년 4월에 도널드 럼스펠드 미국 국방장관의 '대북 비밀메모'가 알려지면서 부시 행정부 강경파들의 대북 인식과 접근 방식이 뚜렷하게 드러났다. 럼스펠드가 백악관 수뇌부에 제출해 회람된 메모는 김정일 정권을 축출하고 정권 교체를 이루자는 게 핵심이었다. 뉴욕타임스는 이를 보도하며 이라크 정책을 둘러싸고 부시 행정부 내 강경파와 온건파 사이에서 불거졌던 정책 대결이 북한 문제로 옮겨가고 있다고 분석했다. 백악관 관계자들은 이 보도에 대해 메모는 공식적인 정책이 아니라고 논평함으로써 메모가 실존했고 회람도 사실이었음을 시인했다. 미국 정부 내 일부 인사들은 미국의 대북 핵무기 포기 압력을 지난 해 이라크에 유엔의 전면사찰을 받아들이도록 강요한 것과 같은 맥락에서 보고 있다. 부시 대통령과 럼스펠드 장관은 지금은 외교수단을 강구할 때라고 주장하면서도 군사공격 가능성을

완전히 배제하지 않고 있다(《뉴욕타임스》 2005년 4월 21일자). 문제는
이처럼 중요한 사실이 한국 언론에서 무시되거나 단신처리 된다는
데 있다.

19 이 문제에 대한 구체적 내용분석으로는 정연구(2005)의 논문이 있다.
정연구는 "한국 언론에는 농민이 없다"면서 "조선일보와 중앙일보
에서는 고 전용철 씨 사망과 관련해 단 한 건의 기사도 찾아볼 수 없
는 등 이번 사안을 철저히 은폐했다"고 분석했다. 농민의 시위가 거
세게 나오자 비로소 신문과 방송에서 농업문제에 관심을 갖기 시작
했으나 그나마도 기사가 가져야 할 기본적인 덕목인 균형성, 완전성,
사실성에 문제가 있는 내용이 대부분이었다고 지적했다. 방송 또한
시위의 폭력성만 부각했고 사망사건 보도에서도 사인 규명, 폭력재
발 방지에 소극적이었다고 비판했다. 이 밖에도 농민문제 보도와 관
련된 내용분석으로 손석춘(2006)의 연구가 있다.

20 이 문제에 대한 구체적 내용분석으로는 정연우(2006)와 손석춘
(2005a)의 연구가 있다. 정연우(2006)는 포스코 건설노조 농성 관련
보도를 틀 이론으로 분석하면서 기업, 정부, 지배 엘리트, 합리적 시
민은 문제 해결자로 표상되고 그에 맞서는 노동조합, 진보주의자 또
는 집단 등은 문제와 갈등을 일으키는 자로 표상된다고 지적했다. 또
노조의 요구 사항이나 발단, 사건의 근본적 배경 등은 외면하고 건설
노동자 하중근 씨 중태에 대한 보도는 축소 외면했다고 분석했다. 또
다단계 하도급이라는 건설업의 특성으로 인해 원청업체가 나서지
않으면 하청업체가 문제 해결이 어렵다는 것을 애써 외면함으로써
문제의 본질을 호도했다. 손석춘(2005a)은 한국 언론이 노사 사이에
최소한의 균형조차 지키지 않는 보도 사례들을 분석했다.

21 언론에 대한 노동자들의 비판은 어제오늘의 일이 아니다. 2003년 10
월 사용자의 성실한 임·단협 협상을 촉구하며 45미터 높이의 대형
크레인에 올라가 129일째 홀로 고공농성을 벌이던 김주익 금속노조
한진중공업지회장이 목을 매 자살하며 남긴 유서가 대표적이다.
"강성노조 때문에 나라가 망한다고 아우성이다. 1년 당기 순이익의
1.5배, 2.5배를 주주들에게 배상하는 경영진들, 그러면서 노동자들

에게 회사가 어렵다고 임금동결을 강요하는 경영진들. 그토록 어렵다는 회사의 회장은 얼마인지도 알 수 없는 거액의 연봉에다 50억 원 정도의 배상금까지 챙겨가고 또 1년에 3500억 원의 부채까지 갚는다고 한다. 이러한 회사에서 강요하는 임금동결을 어느 노동조합, 어느 조합원이 받아들이겠는가. 이 회사에 들어온 지 만 21년, 그런데 한 달 기본급 105만 원. 그 중 세금을 공제하고 나면 남는 것은 팔십 몇 만 원. 근속 년수가 많아질수록 생활이 조금씩이라도 나아져야 할 텐데 햇수가 더할수록 더욱 더 쪼들리고 앞날이 막막한데, 이놈의 보수 언론들은 입만 열면 노동조합 때문에 나라가 망한다고 난리니 노동자는 다 굶어죽어야 한단 말인가." (인터넷신문 《레이버투데이》 2003년 10월 20일자).

22   이 책에서 틀 논의는 '틀 이론frame theory'에 근거하고 있다. 틀 이론을 구성하는 이론적 가정들은 언어학, 심리학, 사회학, 언론학에서 다양하게 발전되었다. 특히 언론학에서 틀 이론은 언론이 현실을 단순히 반영하는 것이 아니라 현실에 대한 강력한 해석의 틀frame을 제공한다고 분석한다. 언론보도가 현실을 특정한 방식으로 선택하고, 부각함으로써 수용자의 이해나 해석에 일정한 한계를 설정하는 효과를 '틀 짓기 효과framing effects'라 한다. 틀 짓기 효과는 비단 언론현상만이 아니라 보편적인 사회현상에도 적용할 수 있다.

23   조지 레이코프에게 프레임은 "우리가 추구하는 목적, 우리가 짜는 계획, 우리가 행동하는 방식, 그리고 우리 행동의 좋고 나쁜 결과를 결정한다." 따라서 "프레임을 바꾸는 것은 모두를 바꾸는 것"으로 보는 레이코프에게는 "프레임을 재구성하는 것이 바로 사회적 변화다."(Lakoff, George, 2004:17)

24   중앙일보는 같은 날 사설 〈현대차 노조간부 불법파업 결의는 무효다〉에서 "일반 조합원과 울산 시민들의 반대와 우려에도 불구하고, 조합 간부들만의 결의로 파업이라는 최악의 수단을 택했다. 파업을 통해 회사에 자신들이 요구하는 성과금의 수백 배에 달하는 피해를 주겠다던 위협을 실행에 옮긴다는 것"이라고 썼다. 일부의 주장을 '일반 조합원'으로 슬그머니 보편화하고 있다.

중앙일보는 "이제는 묵묵히 생산라인에서 땀 흘려 일해 온 다수의 일반 조합원이 나설 차례다. 일반 조합원들이 나서서 사안을 가리지 않고 강경투쟁만을 벌여 온 노조 지도부의 구태를 불식해야 한다. 노조 지도부의 지시를 맹목적으로 따를 게 아니라 장기적으로 회사가 살고, 일자리를 지킬 수 있는 방법이 무엇인지를 각자가 판단해야 한다"며 노조 내분을 노골적으로 부추겼다.

25 물론 윤여철 사장은 방송에 출연해서 "여태까지 잘못된 관행을 적어도 이번엔 끊어야 된다고 생각한다"며 "그렇지 않으면 현대차의 미래는 없다"고 잘라 말했다. 하지만 그 주장에 진정성이 있으려면 적어도 일방적 통보는 하지 말았어야 했다.

26 박기순은 또 기업문화와 관련해서 "기업체가 커뮤니케이션에 관한 몰이해 때문에 기업문화를 경영자가 근로자를 교묘하게 다스리고, 생산성을 높이며, 일반 국민들의 환심을 사기 위한 도구나 기업 이데올로기로 생각한다면 커다란 잘못이다. 또한 현재 직면한 기업문제를 일시적으로 해결하기 위한 미봉책으로 생각해도 커다란 잘못"이라고 지적했다(2000, 43).

27 새사연이 신자유주의 대안으로 제시한 노동중심 국민경제 모델(노동창조경제론)과 그 연장선인 통일민족경제론은 새사연이 출간한 《새로운 사회를 여는 상상력》에 구체적으로 담겨있다.

28 '햇볕정책'이란 말은 김대중 대통령이 영국을 방문한 1998년 4월 3일 런던대학교 연설에서 처음 사용하면서 정착된 용어다. 겨울 나그네의 두터운 외투를 벗게 만든 것은 강한 바람이 아니라 햇볕이라는 이솝우화에서 따온 말이다.

29 바로 그렇기에 남북정상회담을 다시 열어야 한다(손석춘, 2007). 더러는 남북정상회담에서 합의할 게 없다는 주장도 펴지만, 그것은 남과 북의 당국자들의 의지에 달린 문제다. 남북정상회담을 통해 민족경제 전반의 전략을 수립하고 그 진전을 수시로 평가하며 통일민족경제 추진 실무를 담당할 차원 높은 상설기구를 내올 수 있다. 가칭 '통일민족경제위원회'라는 상설기구에 남과 북의 경제, 자원, 통상, 과

학기술, 교육, 통일 부문 부처의 차관급 이상 고위 공직자와 전문가들이 상근할 때 통일민족경제는 벽벽이 구현되어갈 수 있다(새로운 사회를 여는 연구원, 2006).

30 2.13 합의를 한 바로 다음날 한국 언론은 사설을 통해 비판적 평가를 내렸다. 조선일보는 사설 〈한반도 비핵화, 아직 갈 길이 멀다〉에서 "북한이 이미 보유한 핵무기와 물질, 우라늄 핵시설이 규명되고 폐기되지 않는 한반도는 핵의 먹구름에서 벗어날 수 없다"며 과녁을 북에 정조준하고 있다. 동아일보는 사설 〈과거·현재·미래의 핵' 다 폐기해야 안심할 수 있다〉에서 "북한의 과거와 현재의 핵에 대해서 한마디 언급도 없는 한 장의 이행계획서를 위해 과연 이만한 비용을 지불해야 하는지 회의적일 수밖에 없다"면서 "햇볕정책의 성과로 포장해서도 안 된다. 그것은 기만"이라고 부르댔다. 중앙일보는 〈북핵 폐기 못 시키고 미봉에 그친 6자회담〉이란 제목의 사설에서 "북한이 보유한 핵무기 제거에 대해 아무런 논의도 못한 것"을 꼬집으며 2·13 합의의 의미를 깎아 내렸다. 중앙일보는 다음날(2월 15일)에도 〈대북 지원 북 행동 본 뒤 재개해도 늦지 않아〉란 제목의 사설에서 "합의가 이뤄지자마자 정부가 기다렸다는 듯이 대북지원 재개 협상에 나서기로 한 것"을 비난했다.

31 분단공론장 개념은 저자의 박사학위 논문인《한국 공론장의 구조변동》(2005a)에 처음 나타났다. 이하의 서술은 이 책의 논리적 완결성을 위한 것이므로, 분단공론장의 개념을 이미 알고 있는 독자는 다음 장으로 넘어가도 무방하다.

32 학계 일각에서는 자본주의 맹아론을 부정하고 있다. 대표적인 '식민지 근대화론자'인 이영훈은 자본주의 맹아론에 대해 "식민지 시기에 일제에 의해 부식된 '조선사회 정체론'을 타파하기 위한 민족적 사명감에서 17~19세기 전통사회에서 비록 느린 속도와 제한된 범위였지만 자본주의를 향한 맹아적인 경제 형태가 발생하고 있었음을 증명하고자 많은 노력을 기울였다"면서도, "의심의 여지없이 수용되고 커다란 권위를 누렸던, 유명한 학설"이 "조선 전통사회의 경제적 발전은 그 방향이 서유럽과 같지 않다"는 점을 간과했다고 비판했

다(이영훈, 2004, 371).

이영훈은 19세기에 들어서면서 조선의 경제가 정체를 거듭하다가 끝내는 심각한 위기에 봉착했다고 주장한다. 그는 더 나아가 조선사회 정체론이 그 정당성을 회복하는 "무척이나 당황스런 상황이 객관적으로 조성되고 있다"(이영훈, 2004, 371)고 주장한다. 하지만 수량경제 연구방법을 신성시하는 이영훈도 인정하듯이 "17세기 후반에서 18세기 말까지 조선의 경제는 완만한 성장과 안정의 추세"에 있었다(2004, 372). 물론 이영훈은 그 추세가 19세기에 들어와 정체로 바뀌고 심각한 위기를 맞았다고 강조한다. 하지만 그가 연구의 근거로 제시한 통계들은 그 자신도 밝혔듯이 "통계가 체계적으로 조사된 적이 없는 이른바 '전통계前統計의 시대'에 속하고" 일부 지역의 자료에 머물고 있다. 그가 "우리는 우리의 명제에 대해 아직 확신을 갖고 있지 못하다"고 밝힌 이유도 여기에 있다(이영훈, 2004, 머리말).

같은 이유에서 경제사학자 허수열은 "통계의 개념도 없었던 조선시대 통계를 어떻게 믿느냐"며 "통계 자체가 신빙성이 매우 떨어지기 때문에 빈약한 수치를 이리저리 맞춰서 그럴듯한 '역사상'을 구한다 하더라도 그것은 결코 현실과 일치할 수 없다"고 비판한다. 허수열은 무엇보다 "식민지 근대화론자들이 현상만 보여줄 뿐 시대의 본질은 도외시한다"며 "수량적 현상 이면에 존재한 각 시대의 본질을 규명"하는 것이 중요하다고 강조한다(교수신문, 2004년 9월 29일자).

경제사에 국한하지 않고 조선 후기의 정치·사회·경제를 총체적으로 분석한다면, 17세기 이래 조선사회는 큰 변동기에 들어섰음을 확인할 수 있다. 공론장의 갈등구조론은 기존의 자본주의 맹아론이 '생산력의 변화'라는 토대만을 중심에 놓고 연구되어 온 점에 비추어 새로운 지평을 열어준다. 기존의 생산력을 중시한 '내재적 발전론'을 보완할 수 있기 때문이다(손석춘, 2005a).

33 물론 공론장의 갈등구조와 그 경계선을 없애려는 민중의 요구는 '시지프스의 신화'처럼 단순히 반복되지 않고 공론장 분단선을 조금씩 약화시켜갔다. 억압체제에서 분출된 공론장의 요구가 다시 억압받아 경계선이 그어지지만, 분출 과정을 거치면서 [그림 3]에서 볼 수 있듯이 아래로부터의 공론장은 어떤 형태로든 넓어질 수밖에 없었다.

34 　언론사 사주, 곧 언론자본이 한국 저널리즘을 제약하고 있는 문제점
은 저자가 꾸준히 분석(손석춘, 1994, 1997, 2000, 2006)해왔기에 여기
서는 생략한다. 이 책에서 저자가 처음 제시하며 강조하고 싶은 논리
는 언론자본이 분단공론장의 중핵이라는 분석에 있다.

35 　이 책은 분단공론장의 중핵인 신문을 중심으로 논의하고 있지만 기
실 방송과 통신, 뉴미디어의 문제도 미디어 공론장의 민주화를 위해
포괄적으로 다뤄야 옳다. 이 문제에 대해서는 6장에서 미디어개혁위
원회를 제안하며 더 논의한다.

36 　언론을 비평하는 잣대가 정파적일 때 소통은 이뤄질 수 없다. 저널리
즘 원칙과 윤리에 근거한 비평이 필요한 이유도 여기에 있다. 정파적
이거나 정파적으로 오해받을 수 있는 비평이나 실천은, 언론학계에
서 비평이 활성화될 때 '자연 도태'의 과정을 밟을 것이다.

37 　한국언론재단(2004)의 수용자 의식조사 결과에서도 신문·방송매체
저널리즘의 문제점으로는 정치적 편파성과 자사 이기주의 등이 지
적되었다. 신문의 경우 4점 만점을 기준으로 환산했을 때 '정치적으
로 편파적이다'라는 응답이 2.78점으로 가장 많았고, 다음으로 '국민
의 이익보다 자기 회사 이익을 먼저 생각한다'(2.72) '돈과 힘 있는 사
람 입장을 대변한다'(2.68) 등이 지적됐다. 방송보도 또한 '정치적으
로 편파적이다'(2.75)가 가장 많았고, '돈과 힘 있는 사람 입장을 대변
한다'(2.69) '국민의 이익보다 자기 회사 이익을 먼저 생각한다'(2.68)
'정치나 경제에 대해 제대로 비판을 못하고 있다'(2.62) 등이 문제점
으로 거론됐다.

38 　루더퍼드Rutherfurd는 뉴욕타임스를 보기로 든다. 제2차 세계대전 때
신문용지 배급제가 시행되면서 신문사들은 제한된 지면에 광고와
기사 가운데 어떤 것을 우선할 건지 결정을 내려야 했다. 거의 모든
신문이 광고지면을 확대한 반면에 뉴욕타임스는 기사를 선택했다.
그 결과 전쟁이 끝날 때쯤 뉴욕타임스는 신문시장을 석권했다는 분
석이다(McCollam, 2006).

39 　저널리즘 현장과 학계가 유기적으로 결합한 좋은 보기는 언론현업

인 3단체(전국언론노동조합·한국기자협회·한국방송프로듀서연합회)와 시민언론운동 단체의 연대기구인 언론개혁시민연대의 출범(1998)에 한국언론정보학회가 적극 참여해온 사례를 들 수 있다. 한국언론정보학회는 저널리즘의 발전을 위해 언론운동 단체들과 더불어 언론개혁 입법운동의 이론적 기초를 제시해왔다.

40 한국 대학의 언론 관련학과 커리큘럼 분석은 이재경(2005)의 연구를 참고할 수 있다.

41 5장에서 분석했듯이 한국 공론장은 미디어의 폭증과 급감, 억압과 분출로 이어졌지만 그것이 단순한 반복이나 순환은 아니었다. 억압과 분출의 변증법적 과정을 거치면서 아래로부터 공론장은 조금씩 구현되어 왔다. 1987년 6월 항쟁 뒤 그동안 축적되어온 양적 발전 위에 새로운 질적 발전을 이루기 시작한 것이다. 6월 항쟁 뒤의 언론현상을 분석하는 데는 언론권력과 더불어 미디어 공론장의 아래로부터의 변화를 함께 고려해야 한다. 더구나 한국의 시민사회는 4월 혁명(1960)과 5월 항쟁(1980), 그리고 6월 항쟁(1987)을 거치면서 크게 성숙했다. 언론권력론이 간과한 '시민사회의 성숙'은 공론장의 갈등구조에 변동을 불러올 수밖에 없다. 미디어 공론장의 구성원들이 더는 수동적 수용자가 아니기 때문이다(손석춘, 2005).

42 의사소통, 또는 커뮤니케이션의 직접적 어원은 라틴어인 'communicare'로 이 어원에는 참여와 나눔의 뜻이 내포되어 있다(최창섭, 1994, 23).

● ● ● **참 고 문 헌**

- 강명구(2005), 〈 언론의 당파성〉, 《신문과 방송》 2005년 1월호.

- 강미선, 김영욱, 이민규, 장호순(2003), 〈신문의 위기 · 진단과 처방〉, 서울: 한국언론재단.

- 강상현(1993), 〈한국언론학 연구동향에 대한 비판적 평가: 최근의 패러다임 논쟁과 그 불완전 해소를 중심으로〉, 《사회비평》 제10호.

- ______(1995), 〈뉴미디어와 언론환경 변화의 의미, 전국언론노조 정책포럼 발제문〉, 1995. 10. 20.

- 강미선, 김영욱, 김영주, 이은주, 임영호, 황용석(2005), 〈위기의 한국신문: 현황 문제점 지원방안〉, 서울: 한국언론재단.

- 관훈클럽(2000), 〈한국 언론의 좌표: 한국언론 2000년 위원회 보고서〉, 서울: 관훈클럽.

- 권기덕 · 김재윤(2006), 〈인터넷이 바꾸는 미디어 산업〉, 삼성경제연구소 보고서 554호(2006.5).

- 김지운(2004), 〈글로벌시대의 언론윤리: 보편가치의 모색〉, 서울: 커뮤니케이션북스.

- 김창룡(2006.8.19), 〈한국 언론 신뢰회복 시급하다〉 《미디어오늘》.

- 김택환(2005), 〈미디어빅뱅, 한국이 바뀐다〉, 서울: 박영률출판사.

- 리영희(2005.11.17), 〈6자회담의 성과와 한반도 정세: 전북민언련 주최특강〉, 《오마이뉴스》.

- 문종대 (2001), 〈저널리즘연구; 수요 전환의 위기〉, 한국언론학회, 2001언론학대회 발표논문.

- 박기순(2000), 〈기업, 문화, 커뮤니케이션〉, 서울: 커뮤니케이션북스.

- 박거용(2006), 〈경제논리의 흥정대상으로 전락한 교육개방〉, 《황해문화》 통권52호.
- 박은희(2005), 〈수용자 복지정책 제도화를 위한 개념적 접근〉, 《변화하는 미디어의 사회적 책임》, 서울: 한국언론재단, 87∼122쪽.
- 새로운사회를여는연구원(2006), 《새로운 사회를 여는 상상력》, 서울: 시대의창.
- 손석춘(2004), 〈한국 근대공론장의 생성에 관한 연구〉 《언론정보학보》 27호, 153∼182쪽.
- ＿＿＿(2005a), 〈한국공론장의 구조변동〉, 서울: 커뮤니케이션북스.
- ＿＿＿(2005b), 〈노사정의 공론장과 저널리즘〉, 《신문과 방송》 2005년 3월호.
- ＿＿＿(2005c), 〈평화위기와 저널리즘의 정확성〉, 《신문과 방송》 2005년 4월호.
- ＿＿＿(2006a), 〈저널리즘 위기의 실체와 극복방안에 관한 연구〉, 《언론정보학보》 36호, 42∼77쪽.
- ＿＿＿(2006b), 〈농촌저널리즘과 자살의 커뮤니케이션〉, 《신문과 방송》 2005년 4월호.
- ＿＿＿(2007), 〈통일정책의 새로운 틀: 통일민족경제론〉, 경제사회포럼 주관 '한국의 선택, 민주진영의 진로' 발제문(2007.1.25), 서울 프레스센터.
- 손석춘·방정배·유한호·이효성(1996), 〈죽은 언론 살리기〉, 서울: 언론노동조합연맹.
- 송건호(1974), 〈신문학교육의 반성〉, 《송건호 전집10》(2002, 한길사), 209∼218쪽.
- 양문석(2003), '한반도 핵위기'에 대한 지상파 방송3사의 저녁종합뉴스 분석:2002. 12. 20−2003. 2. 19까지 2개월간, 민주언론시민연합, 언론노조 주최 토론회 발제문, 2003.2.26.
- 언론개혁시민연대 편(2000), 〈신문개혁 이렇게 합시다: 한국신문의 문제

점과 개선방안〉, 서울: 언론개혁시민연대.

- 언론광장(2004), 한국 언론의 취재·보도에 대한 기자 의식 조사.

- 이강수(1973), 〈한국 신문학교육의 문제성과 방향〉, 《신문학보》 6호, 69~95쪽.

- 이강수(2000), 〈언론학 교육의 현황과 문제점〉, 2001언론학대회 발제문.

- 이민규(2001), 〈새로운 시대의 신문방송교육: 획일화된 교육에서 맞춤식 교육으로〉, 2001언론학대회 발제문.

- 이민웅(2003), 〈저널리즘:위기·변화·지속〉, 서울: 나남.

- 이영훈(2004), 《수량경제사로 다시 본 조선 후기》, 서울대학교 출판부.

- 이용성(2006), 헌재 판결의 의미와 신문법 개정 과제, 민주언론시민연합 토론회, 국가인권위원회 배움터, 2006.7.20.

- 이재경(2004), 〈저널리즘의 위기와 언론의 미래〉, 《신문과 방송》 40주년 세미나 발표문.

- 이재경(2005), 〈한국의 저널리즘 교육:어떻게 바꿔야 하는가〉, 《한국언론학보》 49권 3호, 임석진(1983), 철학사전, 서울: 이삭.

- 장호순(2006), 〈신문산업 선진화와 민주주의: 신문시장의 다원화와 여론 다양성 보장을 위한 정책 방안〉, 한국언론재단 주최 발제문, 2006. 4.5.

- 정연구(2005), 〈한국 언론에는 농민이 없다〉, 전국언론노조, 민주언론시민연합 공동주최 토론회 발제문. 2005. 12.2.

- 정연구, 문철수, 송윤숙(1996), 〈신문공동판매제도 연구–실현방안을 중심으로〉, 서울: 한국언론연구원.

- 정연우(2006), 〈포스코 건설노조 농성 관련 보도와 권·경·언 유착 문제와 대응〉, 한국언론정보학회, 민주언론시민연합 공동주최 토론회 발제문. 2006. 8. 11.

- 차배근(1989), 〈한국언론학교육의 현황과 문제점〉, 한국언론학회 창립 30주년 기념토론회 주제논문집.

- 최창섭(1997), 〈언론이란 무엇인가〉, 《교양언론학 강좌》, 서울: 범우사.

- 최창섭(1994), 《자아커뮤니케이션》, 서울: 범우사.

- 한국기자협회(2006), 창립42돌 기념 전국기자 여론조사.
- 한국언론재단(1995), UR 대비 한국 언론의 경쟁력 강화 방안 연구.
- 한국언론재단(2004), 수용자의식 조사.
- 한국언론학회(2005), 〈변화하는 미디어의 사회적 책임: 미디어 어카운터빌리티와 수용자 복지를 중심으로〉, 서울: 한국언론재단.

- Cunningham, Brent(2005), "Working the Fringe", CJR(Columbia Journalism Review), 2005. 11/12.
- Gillmor, Dan(2006), *We the Media: Grassroots Journalism by the People, for the People*, O'Reilly Media.
- Held, D.(1987), *Models of Democracy*, 이정식 옮김(1989), 《민주주의의 모델》, 서울: 인간사랑.
- Habermas, J.(1962), *Der Strukturwandel der öffentlichkeit*, 한승완 옮김(2001), 《공론장의 구조변동》, 서울: 나남.
- _______ (1992), *Faktizitat und Geltung*, 한상진 · 박영도 옮김(2000), 《사실성과 타당성》, 서울: 나남.
- Kovach, Bill & Rosenstiel, Tom(2001), *The Elements of Journalism*, New York: Crown Publishers.
- Lakoff, George(2004), *Don't think of an elephant*, 유나영 옮김(2006), 《코끼리는 생각하지 마》, 서울: 삼인.
- Lippman, Walter(1954), *Public Opinion*, NewYork:McMillan Company.
- McCollam, Douglas(2006), "A Way Out?", CJR(Columbia Journalism Review), 2006. 1/2.
- McNair, B.(1998), *The sociology of journalism*, London:Arnold.
- Merrill, John(1997), *Journalism Ethics:Philosophical Foundations for News Media*, NewYork:st.Martin's Press.
- Meyer, Philip(2004), *The Vanishing Newspaper: Saving Journalism In The Information Age*, University of Missouri Press.